創意原理

Creativity Principle

楊錫彬 編著

序

陶行知說：「人人都是創意之人，處處都是創意之地，天天都是創意之時。」但絕對也不是天馬行空、完全是無中生有的，因此，創意的背後一定有方法、有步驟的。而創意能力的培養並非一朝一夕之事，而是需要日積月累的經驗累積，人類的聰明才智是無極限的，隨時隨地都有可能激發出無極限的創意。隨著時代科技的進步，創意的想像空間變得相當大，是無所不在的。現今創意的時代，已經成為目前社會最重要的一種能力，每個人都必須要去瞭解和學習相關創意的概念及知識的能力，時時刻刻創造出不同新的創意，以創造社會的發展。

創意並不特指廣告活動，文藝作品有創意問題，公共關係有創意問題，科學研究有創意問題，企業經營有創意問題等等。世界著名的未來學家阿爾文·托夫勒（Alvin Toffler）曾經預言：「資本的時代已經過去，創意時代在來臨：誰占領了創意的制高點誰就能控制全球！主宰21世紀商業命脈的將是創意！除了創意還是創意！」創意可以影響一個時代，可以改變一個國家、都市、地區，帶來持久的動力、熱情，也有可能僅僅改變一個人。因此，所謂的創意之創意力，是指具有改變事物、影響世界的能量或能力。現代產品之爭、品牌之爭的起點就是創意之爭！

創意產業本身就是文化、科技、產業和市場的完美結合，更重要的是，由於創意產業的發展，使得人們的文化水平大大提高，觀念更

新，創意湧動，使各行各業都有無數的創新出現。因此，創新已不是一個人獨力完成的事，而是團體結合「知識共用」，「共同創新」的結果。從文藝復興到資訊社會、創意社會，現在強國特別是能夠永遠保持活力的強國，無一不是「創意領先國家」。

網路時代極大地拓展了創意活動範圍，新的「未知」領域內逐漸成為社會的最新最大需求點。電腦網路時代的「未來」創意活動與以往有了極大的不同，時代潮流在「變」，我們的觀念也需要「變」。

楊錫彬　謹識

2018.02.14於中國文化大學

目 錄

Chapter 3　創意能力的激發　35

Chapter 4　創意技巧的實現　49

Chapter 5　廣告的創意觀　69

創意概念的認知

- 什麼是概念
- 創意是什麼
- 創意的限制
- 創意需要什麼
- 創意不是簡單的點子
- 創意的含義

再神奇的電腦技術也只是一種手段，一項工具，對廣告產業而言，最重要的資源永遠是人腦，是人的創造力。是否有創意，無論任何時候都是決定一個廣告優劣高下的最根本因素。

——阿德里安·霍梅斯

第一節　什麼是概念

「概念」——簡單的來說，就是「對於一件事情有整體性的認知」，是人類思想最基本的本能，也是最簡單的形式。進一步解釋人類的判斷及推理都是由概念所組成的，概念是否清晰正確，則要看能否將非具體或整體事物的特性完全涵蓋在內。

【例一】

您要去買一部車，必須知道買賣流程，您一定會帶著家人先去看車、試車、接著簽訂買賣契約及付訂金、辦理過戶手續、最後付清尾款及交車。這是最基本的認知——概念。

【例二】

全聯防颱概念篇，「防颱三步驟：1.堆沙包。2.封門窗。3.然後去全聯。抱歉！應該先去全聯。」這則廣告CF的創意是藉由判斷及推理，以簡單的形式傳達——概念。

因此，我們在做一件事情如果「完全沒概念或者沒概念」，一定會事倍功半，像瞎子摸象、誤打誤撞、誤人誤己。反過來說，如果我們對整件事情的來龍去脈是清晰正確，應該考慮到的細節都能夠非常完備及周詳，這也就是「概念清楚」，而接下去得執行工作，必定是快速及完美、完善、完勝。

第二節　創意是什麼

創意──就是人類不斷地進步中，在限制中尋求無極限地發揮空間。人們常常會認為「創意是與生俱來的」和「創意是天賦」，這種想法我不完全認同。但也少部分人認為有天分的創意者，至少都不是出生就天賦異稟，而是一些歷練的累積讓他們可以迅速的知道哪些創意較能夠觸動人心。賈伯斯曾說：「創意不過就是把一些東西結合起來。你問那些創意人員，他們如何做出一件創意的東西，他們會覺得有點不好意思，因為那些其實不是做出來的，而是看出來的，因為他們能夠把不同體驗連結起來，合成出新東西。」賈伯斯這段話描繪的是「聯想思考」，突破性思考不可或缺的要素。我們經常誤以為突破是獨立的點子，是以前從未有人在任何背景脈絡下想過的點子，事實上，幾乎每一個突破都是既有概念、思想與事物的結合。

創意勢必其來有自，我認為創意的根本來自三個階段：概念經驗、聯想力、共感性（如圖一），也就是建立生活豐富的經歷、透過思考邏輯訓練和維持生活的黏著度。

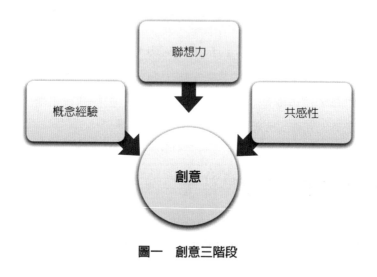

圖一　創意三階段

一、概念經驗——建立生活豐富的經歷

　　依照康德的理論，知識是由「感性」及「知性」所建構，感性直覺的接受感覺對象，而知性則提供思想的彙整進而連結成知識使用。簡單來說，在尚未啓蒙時我們就吃過蘋果，這時候因為尚未進入認知階段，仍無法知道蘋果的顏色外觀，只能透過味覺瞭解這個汁多帶點酸甜的水果，此時我們的大腦用「感性」接收這個食物的味道和品嚐過程。慢慢長大後開始認知了紅色且酸甜的蘋果，咀嚼後發現味道、口感和以前建構的資料很相似，這時「知性」就開始運作，幫我們把「過往蘋果的經驗」和「現在得知的內容」整合在一起，建構成一個新的「概念經驗」。往後在感知類似的物體時，就能直接從過往的資料庫中找到認知這個物體的所有內容。換句話說，當生活的資歷越豐富，所儲存的資料庫就會越龐大，對於往後聯想力的連結及共感的體驗都有較迅速的回饋。這也就是我認為創意最根本、最重要的第一階段——概念經驗的持續累積。

二、聯想力——透過思考邏輯訓練

　　概念經驗是種歸納法的建構方式，將得到的訊息分類、歸納以方便喚出使用。而「聯想力」恰好是反向的演繹法，注重舉一反三、舉三反九的邏輯式推演，試圖在類似的邏輯思考下找到更多符合當局的事物。像是曼陀羅思考法就是典型的聯想力訓練方式：透過九宮格中央的主體，找到周圍相關的八種分支，而每種分支又可向外擴充變成主體，再去尋找其八種關聯性，進而不斷地擴張思考的橫向與縱向。這種放射式的腦力激盪，重點不在最終得到的結果，而是透過不斷地邏輯推演，訓練大腦的肌肉群、活化較不常使用的大腦區塊，增加更廣泛的思考層面。基本上「聯想力」和「概念經驗」是成正向比的，當概念經驗的資料庫越豐富時，聯想力能夠連結的資料就越多，進行聯想擴張的範圍也會越廣。

三、共感性——維持生活的黏著度

　　就創意來源的層面，上面提到的「概念經驗」會隨著年齡增加，而「聯想力」可以透過訓練增強。但是創意並非空砲彈，要能夠確實表達、能夠被認同，才會被歸類是可取的創意。然而「共感」的取得並沒有想像中容易，這也就是為什麼一起共事多年的設計師，接受同樣的設計經驗和訓練卻不會想到同樣的創意。因為他們對於生活敏銳度的感受不一，當我們提到奇異果時，有人會想到毛茸茸的外皮、有人會想到青綠色酸澀的果肉、也有人會想到來自紐西蘭的貼紙標籤。若是體現在包裝上，奇異果皮可直接設計成外觀包裝、綠色的果肉可打成汁用顏色做市場區隔，當然也可以針對產地來源大肆宣傳。這些創意沒有錯與對，哪一種創意和消費者的生活黏著度越高，就越能夠

被認同，這就是我認為的「共感性」。設計雖然也希望能出其不意，但是越好的設計創意，其所介入的概念則越講究簡約，以突顯彼此生活的共通性。這種創意雖然低調、普通，但是卻將國與國之間的文化隔閡降到最低，以達到「人」與「人」最直覺的共鳴。

綜合以上論述的三者中，我認為「共感」是最需要天賦的，它必須經過對生活周遭的關心、細膩的判斷分析，最後適度的表達，才能將共感的黏著度發揮到最佳的狀況。這也是每個創意工作者最無可取代的地方，共感太多時，創意過於通俗缺乏獨特性；共感太少時，創意容易孤芳自賞，如何拿捏自如正是創意有趣的地方。回到賈伯斯說的「創意不過就是把一些東西結合起來」，我相信創意是獨特的，也相信大部分的創意都是輾轉拼湊出來的，尤其是在這個科技世代中。但是我更相信，這些創意始終都應該回歸人性。

現代社會競爭激烈，如何增強和發揮創意思維便顯得更加重要。不過，很多人以為創意是等待靈感的出現，是神秘和難以解釋的。這也是對創意的一個常見誤解。固然，創意與邏輯思考不同，沒有一套嚴謹的方法準則。但哲學分析以及心理學和個案研究告訴我們，創意能力是有方法提升的，其中的道理也並非很深奧。首先，我們看看有關創意思維的基本原則：

第一，概念的轉換關鍵在於創意。

創意的關鍵在於思考新的可能性，包括新發明、新理念和解決問題的新方法。不過，這些新的東西從何而來？其實，思考由概念所組成，新的思想不外乎在於概念的加減或轉換而得。例如：「人打棒球」這個思考由「人」、「打」、「棒球」三個概念構成，把其中兩個概念轉換，便可得出「猴子打棒球」的新意念了。又例如，有一段時期絕大部分的電腦都是灰白色的，但隨著電腦成為家庭必需品的潮流，美國蘋果電腦公司推出了一系列不同顏色的新穎電腦，深受消費者歡迎，這也是應用到概念的轉換。

第二，觀察事物之間的關係可增強創意。

現代社會所面對的問題往往非常複雜，這些問題的答案所牽涉的範疇可能十分廣泛或者來自意想不到的地方。新的思考既然是由舊的思考變更而成，廣闊的知識基礎和經驗自然更能夠提供更多的材料用以創新。所以，若我們要增強創意，便必須不斷接觸新的事物，以及培養求知慾和良好的閱讀習慣。有很多學生的求學態度十分短視，稍爲離開課程範圍以外的事物，絕不關心，這其實不利於創意的培養。

第三，並非新的意念就一定是好創意。

假設隨便把廚房所有的調味料混在一起，可能會創造出一個全新的配搭，但味道不一定好，也不代表你是一個有創意的廚師。同樣道理，隨便湊合而成的一個新理念也未必能夠幫助我們解決問題。就藝術創作而言，這要求敏銳的藝術觸覺。如果創意是用來解決問題，良好的批判思考能力是不可缺少的。

第三節　創意的限制

人類的存在本來就是充滿限制，如果沒有空氣及水就不能夠生存，雖然我們擁有健全的四肢卻不是速度、力量或體能最優勝的動物，因受到地心引力的限制只能緊貼地面。而人類主要的限制來自空間、時間、工具以及成本等四種，在現實的過程中，是必須面對這四種限制（圖二）。因此，人類的每一次創作，若能突破空間、時間、工具、成本的限制，就促使人類的進步，所以創意是人類進步最大的原動力。

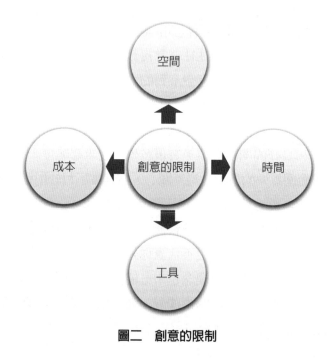

圖二　創意的限制

一、空間限制

　　任何一種創作形式，首先必須要決定可提供發揮的空間在哪裡？舉例來說，在一顆雞蛋上雕刻一幅畫，或者像是克里斯托（Christo）和珍妮克勞德（Jeanne Claude）利用布料在海面上包圍十一個島嶼。因此，在不同的空間上有不同的環境限制，這些限制會阻礙你發揮創意。

二、時間限制

　　時間的長短直接影響創意的品質，時間越短，創造出作品的難

度就會越高，時間越長，保存作品的難度也相對越高。同樣處理一件事情，用一分鐘跟用一個月的時間去處理，所獲得的效益是截然不同的，因此，事情是有完全不一樣的時間限制，這也無需再細加說明。例如報紙只有一天的壽命，能在當天提供最新最詳盡的資訊，到了第二天這隔夜的報紙存在就有可能是毫無價值。又如冰雕在短時間內能夠保存完美無缺，但經過時間加上溫度的變化必定會融化而變形。因此，埃及的木乃伊技術和冰箱的發明，是突破保存時間的限制。

三、工具限制

人類最原始的工具是手腳及聲音，有韻律美妙的聲音就變成音樂，有手舞足蹈而形成舞蹈。繼而有了文字和符號的發明，進而誕生了語言，之後所有的創作都是來自這些基本工具再演化出來的複雜工具，包括今日的電腦技術和網際網路科技。

四、成本限制

簡單來說就是擁有的資源，也就是金錢，金錢以外的就是權力，權力越大，可動用的人力、物力就會越多，例如：埃及金字塔、巴拿馬運河、秦始皇的皇陵等等，所建造是最昂貴的成本限制卻是百姓生命。但是有些人因為窮困一生而不能完成其作品，因作品半途而廢，只恨生命太短或體能不濟。所以，成本的限制包含金錢、權位、壽命、體能等等。不過，對於那些先天資源不足的創作者，例如音樂家貝多芬，他沒有聽覺卻能創作許多偉大的音樂作品。又例如口足畫家，他沒有雙手，卻能改用口或足提握畫筆，這都非常值得眾人敬佩。

除此之外，有人說：語言和文化不也是基本的創意限制嗎？其實，現今很多科技和藝術都可以無視於語言及文化，例如發明一台單

車或是畫一幅畫，都必須要去面對空間、時間、工具以及成本這四種基本限制。發明單車是用來爬山還是在路上奔行？是18世紀用以代步還是今日用來健身的單車？是鐵製還是鋁合金？是人工還是機械製造的單車？金錢的成本是多少？這些因素都存在創作過程中，四種限制都存在，因此，必須因應不同的條件進行突破。所以，人類始終有無法預知或無法控制未來的限制。

第四節　創意需要什麼

　　從古至今、從中至外、從無至有，人人都有創意的能力與潛力，它是人類最獨有的特性，是人與動物的本質區別。創意好比一顆種子，因為種子最有潛力，它含有新生物所需的一切訊息，種子在萌發、生長、發育都需要陽光、土壤和水分。創意的種子也是必須透過細心地探尋才能獲得，用心灌溉培育後才能開花、結果。創意需要有想像能力，愛因斯坦曾說：「想像力比知識更重要，因為知識是有限的，而想像力概括世界的一切，並且是知識進化的泉源，嚴格地說想像力是科學研究中的實在因素。」創意還需要有動機，創意動機是無奇不有，有了動機，創意就有了生命力，通常情況下，人們會根據不同的動機尋找最有效的方法，進而獲得想要的創意，例如：以創意作為核心的價值，在動機明確之下，需要對創意進行擴展、修改、補充和進一步深入構思，才能夠逐步形成一項完整的方案以及可操作的系統。而且創意絕對不能以意識形態來操控，否則一定是剛萌芽就枯萎。

【例一】

　　某位富翁有三個兒子，退休之前，他準備在三個兒子當中選一個最有生意頭腦的，將事業交給他來打理。經過深思熟慮後，富翁將他的三個兒子請到辦公室，對他們說：「我要在你們三人之中，挑選一位思維最有創意的，來繼承我的事業。現在工廠內有三間空倉庫，一天之內，你們用自己的方法把空倉庫填滿，誰花的錢最少，誰就能贏得這次的測驗，誰就能繼承我的事業。」

　　三個兒子接受測驗，立即離開辦公室，分頭準備行動。

　　大兒子去工具間帶走了鋤頭、鏟子、畚箕；二兒子也準備了鋸子和繩子，但小兒子一溜煙的不見了。大兒子帶著工具開始忙碌，他滿頭大汗地從山坡上一畚箕、一畚箕的把砂土挑到空倉庫；二兒子也沒閒著，他用繩子拖回一顆顆從樹林裡鋸下的大樹，一下子就把倉庫填了大半空間。天黑時分，他們把父親請到倉庫，檢查自己的成果。大兒子得意地說：「砂土便宜，我只用5噸的砂土就把倉庫填滿了。」父親說：「很好。」二兒子不甘示弱，連忙說：「我用鋸下的大樹把倉庫填滿了，造價更低。」父親說：「不錯。」這時，小兒子把父親請進倉庫，裡面只有一枝幾塊錢的小蠟燭。就在大家疑惑不解的時候，他點燃了蠟燭，問父親：「爸爸，您看看這倉庫裡，哪裡還有沒被光填滿的地方？」父親看了，滿意極了，他選擇小兒子繼承自己的事業。

　　從這個舉例可以得知，創意不是需要勞力、苦力、蠻力，而是需要我們平常說的「點子」、「主意」或「想法」，好的點子，簡單的說就是靠「腦力」。

【例二】

　　李美27歲時，想應徵一家國際排行五十強的4A公司的廣告創意人員。可是她沒有任何行業經驗，當朋友們聽了她的打算後，無不認為她在癡人說夢。但她沒有退縮，而是經過一番思索，寄出了自己的求職信。這不是一封普通的求職信，而是一件包裹。她向所有她中意的公司各投遞一件，並且直達公司總經理。可想而知，一件包裹在成堆的千篇一律的信封中，無疑鶴立雞群，一下抓住了所有的好奇視線。當打開包裹時，裡面的東西更是讓人跌破眼鏡──只有一片薄薄的紙尿布，正面寫著：「在這個行業裡，我只是個嬰兒。」背面留了她的聯繫方式。

　　這封特殊的「求職信」為她敲開了工作的大門，幾乎所有收到這張紙尿片的廣告公司老闆，都在第一時間打了邀請面試的電話給她。無一例外，他們問她的問題就是：「為什麼妳要選擇一片紙尿布？」她的回答像她寄出的「包裹求職信」一樣富有創意，她說：「我知道我不符合要求，因為我沒有任何經驗，但我像這紙尿片一樣，願意學習，吸收性能力特別強；而且，沒有經驗並不代表我是白紙一張，我希望你們能透過這個細節看到我在創意上的能力。」她成功了，她不但成為創意人員，最後還成為創意副總監。

　　「廣告的靈魂是創意」，廣告離不開創意，這是眾所周知的。什麼是廣告創意？它具有哪些特色呢？

　　目前，廣告界一般從動態和靜態兩方面去理解創意。從前者的角度去理解，創意指的是一種創造性的思維活動，這種活動的主體是廣告創作者，客體是廣告活動本身。從後者角度去看，創意是創作者

思維的結果，是一個個具體的「點子」。綜合來看，廣告創意就是以消費者心理爲基礎，透過一系列創造性思維活動，表達一定的廣告目的，促使消費者購買的思想行爲。廣告創意並非漫無邊際地「瞎猜」，而是有一定要求和特色，這些要求可以歸納爲四點：(1)以廣告主題爲核心；(2)首創性；(3)實效性；(4)通俗性。

首先，廣告主題是廣告創意的出發點和基礎，只有把握主題，才能清晰明瞭地表達主題；相反的，如果不以主題爲核心，或者偏離主題，那麼，再有創意的廣告也不能準確生動地傳播資訊。這就像南轅北轍，廣告往往會干擾資訊的傳播。同時，廣告主題還是創意發揮的最基本題材，在此基礎上，獨特的創意才能發揮作用。這才是突出廣告主題，以其爲核心進行宣傳。

其次，創意必須有自己獨特的一面，這樣才能產生強烈的效果。因此，首創性就成爲創意的另一個重要特點 。一般廣告創意，都是將以往毫不相干的兩件或更多的物體或觀念進行組合，產生新的東西或觀念，這就是一種首創。當然，首創雖然重要，但並不等於脫離廣告主題，或者譁衆取寵，創造一些稀奇古怪卻毫無意義，甚至危害到他人或社會的東西。

再者，不管廣告創意如何獨特，都要爲一定的目的服務，這個目的大多是商業目的，也就是銷售目標。這體現了廣告創意的實效性特點。廣告大師克勞迪‧霍普金斯（Claude C. Hopkins）說：「廣告的唯一目的就是實現銷售。」任何廣告創意，如果不能帶來一定效益，不能實施操作，都不是一個好創意。最後，必須明確的一點是，廣告創意要透過大衆傳播才可以進行，也就是說，爲了創意能夠付諸實施，它必須要有通俗性。如果脫離大衆，不爲大衆理解，怎麼可能被他們接受？因此，採用簡潔明瞭的詞語、方便實用的傳播媒體，將有利於創意實現。

第五節　創意不是簡單的點子

　　點子對於某件事情來說，是計謀與對策，創意也是如此，在整體系統中有很多時候，點子可能只是其中一個靈光點，因此，創意不僅僅是點子，更是超越整體系統之上。

【舉例】

　　小楊是某家手機公司的業務員，十年來，他的銷售業績一直都是高居第一名，遠遠超越其他的業務員。公司每年都會舉辦年終表揚大會，請業績最好的業務員發表演說，談談自己的成功之道，小楊自然是第一位上台演說，但是對於自己實際推銷的技巧，都是避而不談。到了第十一年，公司慣例舉辦年終表揚大會，這次，同事們及主管誠懇請求小楊談談自己的推銷秘訣。他終於被打動了，略微激動的說：「其實也沒什麼，就是在介紹完公司的產品之後，拿出手機用力往地上摔，客戶親眼目睹手機絲毫無傷，自然就非常相信我們的產品，也就有信心簽下訂單。」

　　眾人聽了一副恍悟神色。第二年公司所有業務員紛紛仿效他的推銷技巧，公司業績節節攀升。但奇怪的是，一年下來，業績第一名還是小楊，這到底是怎麼回事？又到了公司年終舉辦表揚大會，大家再次請小楊談行銷之道，這次，小楊笑著說：「我現在已經不再自己摔手機了，而是改請客戶自己摔。」

　　從舉例的故事可以得知，創意絕對不是一個簡單的「點」，而是一條線一個面，是針對事情整體性系統的策略。小楊之所以能屢屢成功，是因為他懂得行銷創意，而不是緊緊抓住一、二個點。

　　在創意中的任何「新想法」絕對不是突如其來，而是需要很長的時間經驗累積的結果。因此，創意是邏輯思維的過程，在過程中，我們首先需要有構思的概念；其次，需要選擇素材，尋找有效方法來表達概念；最後，還要有表現的手法，表現的手法不同，就會產生不同的效益。

第六節　創意的含義

　　創意在台灣這幾年很流行，很多人認為是個新事物新產物，其實不然，人類的創意很早就出現了，從古到今，從中到外都有非常多的案例。實際上，我們如果稍為用心留意，就會發現創意是無所不在的，一直存在於我們的工作或是生活周圍各方面，它不是神秘的也不是遙遠的，每個人都可以進行創意的活動。現今創意的時代，已經成為目前社會最重要的一種能力，每個人都必須去瞭解和學習相關創意的概念及知識的能力，時時刻刻創造出新的創意，以加速社會的發展。其含義如下：

一、創意的思維活動

　　創意始終來自人的思維活動，它使得人類靈感不斷，創造出奇蹟層出不窮，而使人類社會的物質財富和精神財富也不斷地增長。而創意活動在遠古時代就已經存在，但是完整並有系統的創意學理體系的建立和訓練方法的完善則是在現代才得以完成。

二、創意的思維過程

創意需要萌芽、醞釀與形成的過程,這個過程常常是潛移默化,甚至不被人們所意識到,例如:牛頓發現地心引力的故事,是證明科學家的創造性思維是一種過程,牛頓在蘋果樹下突然間被掉落的蘋果打到,他很敏銳地思考蘋果為什麼不往天上飛?於是進行大量的實驗與研究,由此發明了地心引力。又例如:義大利文藝復興時期的雕塑家米開朗基羅在創作時,事先必須要反覆的思考,甚至為此而廢寢忘食,這更說明了創意是一種動態的思維過程,在這個過程中,人們的思緒是非常活躍並且處於一種創造性的狀態之中。

三、創意的與眾不同

創意是與眾不同的,它是能夠增加人們的福利。創意是人類所持有的美好事物,更能夠提高人們的生活水平以及社會的生產能力,使我們所處的環境變得更加美好。例如發明家愛迪生看見人們在生活中對於照明的需求,經過長期的實驗與研究終於發明電燈,給人們帶來了光明。這就是創意能夠增加人們的福利。

創意基本的概述

- 創意的緣起
- 創意的定義
- 創意的特徵
- 創意的方法
- 創意的思考
- 創意三要素
- 創意與靈感

人一旦失去自信，獨創力便將窒礙不前，因此，要經常獎勵他人所提出來的創意。不管提出來的創意是否有價值，光是提出創意的那份勇氣，便值得讚揚。

——亞歷斯‧奧本斯

第一節　創意的緣起

創意（creativity）英文的解釋為originality or creating ideal，源於創造（create）一詞，根據《韋氏大字典》的解釋，創造具有賦予存在的意義，並含有「無中生有」以及「首創」的性質。創意因翻譯的不同，有時稱為創造或是創造力，其同義詞還有創新、發現、發明、問題解決、新穎、獨創性、風格或是獨創力等等，這些術語經常被交替使用。施振榮（2004）認為工商業界偏愛運用「創意」和「創新」。在學術界，張世彗（2013）認為創造、創造力、創新的解釋是有所區別的，「創新」是改變和導入新的事物，「創造」是促成某些事物及使某些事物新穎或獨創，而「創造力」是一種新穎或獨創的能力。因此，創意、創造、創造力是「創意學」的根源。

從人類誕生開始，創意就開始左右人類的發展，人類每一次的發明、創造都是在一定的環境、壓力、生存之下進行。而語言的創意更讓人類變成了「高級動物」，一直到了人類發明、製造、運用工具等等，並且在這個開拓性技術過程中深化思考，駕馭語言，這就是人與動物最大的區別。自從人類學會使用工具，學會使用火等等技能，就是創意的應用，可以說從有人類就有創意，創意是推動人類社會進步的核心。因此，人類每一次技術、工具的發明與創造都是一次巨大的創意革命。

第二節　創意的定義

　　根據微軟公司（Microsoft Corporation）英文線上字典的解釋，認為創意是一種具有創造力的才能；另一種解釋，它是一種想像的能力，這種能力是使用想像力去發展新的和原創性的觀念或事物，特別在藝術的範疇上。又查詢《梅林－韋伯斯特線上字典》（*Merriam-Webster Dictionary*）認為創意是製造新的、不同於現存事務的能力，或新的解決方法或新構思，或是一種新的藝術品或做法。我從眾多的文獻探討中，收集、整理、歸納出有關於「創意」的定義如下：

1. 創意是邏輯思維、形象思維、逆向思維、發散思維、系統思維、模糊思維和直覺、靈感等多種認知方式綜合運用的結果。
2. 創意是一種突破，是對現有技術、產品、行銷、管理、體系、機制等方面的突破。
3. 「創」是創新、創作、創造──促進社會經濟發展。「意」是意識、觀念、智慧、思考──人類最大的財富。
4. 創意是一種創造性思維的過程和結果，是嶄新的想法與主張。
5. 創意是試驗、冒險、打破規則、犯錯，並且樂在其中。
6. 創意是獨創及新穎的構思。
7. 創意是傳統的叛逆，是打破常規的哲學，是破舊立新的創造與毀滅的循環，是思維的碰撞，智慧的對接，不同於尋常的解決方法。
8. 創意是一種透過創新思維意識，從而進一步挖掘和激活資源組合方式，進而提升資源價值的方法。
9. 創意是將舊元素重新排列組合形成新的元素。

10.創意是人的與眾不同的思維，它是一個過程，其過程成果能夠增加人們的福利。

11.創意是一種全新的看法，一種突破傳統方式的想法，一種別人沒做過的新方法。

12.創意是創出新意，也指所創出的心意或意境。

13.名詞：指創見性的意念，巧妙的構思，是好點子，好主意；動詞：指的是創見性的思維活動；形容詞：是指創新性的讚譽。

14.創意是依據個人感觀所創造出來新的思維或構想。

15.創意是一種感性的思考模式。

16.創意是一種從新去定義，是新的意念。

17.創意是跟舊的相反，剛有或剛經驗到的。

18.創意是過去沒有的。

19.創意是綜合的運用各種天賦能力與專業技術，將現有的商品、服務與活動、組織文化與組織結構、生產與服務作業及經營管理過程之中，尋求新的概念、新的體現、新的方法、新的商品／服務／活動的過程。

20.創意是一種新而有用的想法，而創意思考不難，是一種將舊元素新組合的過程。

21.創意是一種可能發生在任何時間、地點、任何人身上，是一種意念的表現。

22.創意是把兩種舊東西結合在一起成為新東西。

23.「創」是開創不同的想法，「意」是有特別的意義。

24.創意是超越傳統觀念、規則、模式、關係等等，創造有意義的新思路、新方法及新詮釋的能力。

25.創意就是一種把天馬行空的想像力從無到有變成一個有價值的產物。

26.狹義地說，創意就是我們平常說的「點子」、「主意」或「想

法」，好的點子就是「好的創意」、「Good Idea」。廣義地說，創意是一種創造性的思維活動，是一種主觀的精神創造過程。

由以上的定義得知，「創意」一詞在下定義及翻譯上，學者專家競相展現各自的論述及特殊的觀點，綜合眾多有關「創意」定義之論述，我認為「創意」是求新、求變，而且具有奇特性、變化性、價值性、教育性、驚喜性以及讚嘆性或一種表現歷程。創意的屬性在於新穎原創、獨到的無中生有、新舊經驗的重組與組合現狀的衍生、轉換或改善。

第三節　創意的特徵

基本上，創意應具有新奇、驚人、震撼與實效等特點，是一種智慧的擴展，一種文化的底蘊，更是一種突如其來的震撼。簡單來說，就是跳脫框架之外的思路，超越自我，是深度情感與理性的思考與實現。其特徵如下：

一、構想單純

所謂的單純是指創意完全圍繞一個主題而進行構思，必須清晰、明瞭、鮮明、突出，容易讓人留下深刻的印象，並有利於這種印象能夠長久保留，同時，也有利於提高技術成分的表現效率，使表現技法達到簡潔明快的效果。

創意原理

二、構想新穎

新穎度越強，所傳達的效果越好，給閱聽者的印象也會越深刻。因此，新穎是精彩的必要前提，只有這種出人意料的、有趣的，甚至是驚人的表現方式，才能給人有強烈的視聽覺刺激，造成強勁的衝擊力。從心理學分析：直覺刺激越強烈，印象就會越深刻，自然記憶就容易牢記。我們將生活中很尋常的事物，以精心設計的驚人表現方式傳達給別人，給別人有嶄新的感覺，使人久久無法忘懷，這才是優秀創意人都著力追求的。

三、構想確立

任何一件創意的事物都要確立形象品牌，這包含特定的傳播內容與傳播方式，是經由創造性的構想而確立的，使得競爭者模仿。另一方面，形象與其所宣傳必須相吻合及配合貼切。例如：廣告創意所構想的廣告形象在性格上要與廣告策劃中所確定商品的性格相吻合，優秀的廣告創意是力求讓自己構想的廣告形象可以淋漓盡致的表現產品的特色，又能夠流傳千家萬戶。因此，構想的確立性和貼切性，是創意重要的特徵之一。

四、構想自然

創意是要使閱聽人能在欣喜愉快或激奮感動的情緒中自然而然地接受，必須是十分親切感人及自然含蓄，給人留下深刻印象，而創意中對於這種情感因素所引起視聽覺的反應要預先評估，以及對於要如

何利用情感因素去做最大限度地打動人心並進行構想，這就是所謂情感效應構想。情感效應構想要親切自然，如以牽強附會是無法打動人心，而矯揉造作便會失去人的信心，所以，創意情感需要合情合理，自然貼切。

第四節　創意的方法

　　創意的背後一定有方法、有步驟的，當然世界上沒有保證能夠發展一套創意的方程式，但這也不是說就完全沒有提升創意的方法，只要掌握這些方法，也可以輕鬆地發揮創意。

　　創意方法的步驟有三（如圖三）：

步驟一：如何能變換角度去看待問題，用廣度思維來增加創意的
　　　　可能性。
步驟二：變換角度後，哪些訊息被發現，這是創意的基礎。
步驟三：如何應用獲得的訊息，最終激發創意的產生。

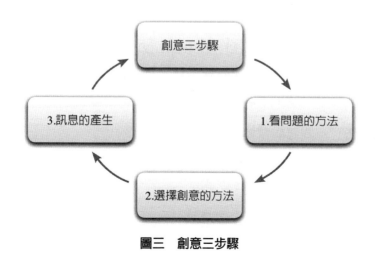

圖三　創意三步驟

由圖中可得知，創意第一要務是要將創意的問題，正確的記錄下來！例如：

「我的問題是什麼？昨天還記得啊！」
「採用什麼方法？我可以解決～？」
「解決了之後，我能得到什麼？」

注意一：如果不想你的注意力被分散或經常變換，請用書面的方式記錄下你所面臨的創意問題或任務。

注意二：「採用什麼方法？我可以解決～？」這是比較好的記錄問題模板。

注意三：在確定問題挑戰時，可列出解決問題後能夠得到的直接利益，如金錢、樂趣、知名度、財富等等，以及間接利益如新技術、知識、態度等等。再者，請分析對你的時間和精力而言，利益是否超過了代價？

最後，引用愛迪生的經典語錄：「我進行發明的唯一原因，就是賺錢。我沒有時間、精力和興趣去校正世界，使之順應發明。」

創意方法一：隨機事物啓發法

1.有關面臨的問題：採用什麼方法？我可以～？
2.隨機引入各種詞語、各種事件、已有的創意、名人名言等訊息，分析其對問題的借鑑意義，從而產生創意。

創意方法二：同義詞替換法

1.有關面臨的問題：採用什麼方法？我可以～？
2.用同義詞替換問題中的名詞、動詞、形容詞，將會得到不同的問題描述，有時創意就能顯而易見。

創意方法三：5W2H法

1.有關面臨的問題：採用什麼方法？我可以～？

2.分別依據5W2H提示，再根據你面臨的問題，試著回答，就會從
   而發現創意。

   5W是什麼？
   ・爲什麼（Why）
   ・什麼（What）
   ・誰（Who）
   ・什麼時間（When）
   ・什麼地點（Where）
   2H是什麼？
   ・如何做（How）
   ・什麼代價（How much）

創意方法四：推翻假設

1.有關面臨的問題：採用什麼方法？我可以～？

2.列出問題之所以是個問題的前提條件，這些條件一般是隱含的
   基於屬性的假設。

3.對列出的這些前提條件提出質疑，寫出質疑的想法是什麼？

4.分析這些質疑是否可被推翻？推翻後是什麼狀態？從而產生創
   意。

創意方法五：問題分析

1.有關面臨的問題：採用什麼方法？我可以～？

2.列出面臨的創意問題之相關屬性。

3.對每個屬性使用構想或激發方法進行分析，便得到創意。

總而言之，創意的背後一定有方法、有步驟的，人類的聰明才智是無極限的，隨時隨地都有可能激發出無極限的創意。隨著時代科技的進步，創意的想像空間變得相當大，是無所不在的，這已經超乎我們的想像範圍，唯有不斷地吸收新知識、新事物、新領域，才能有永續發揮創意、創新、創造的新價值。

第五節　創意的思考

思考是一種有目的性的心理活動。所謂思考，就是有助於我們敘述或解決一個問題，從事一項決定或實現一種理解事物的欲望之心理活動。思考的歷程包括有多種心理活動：如觀察、記憶、回憶、懷疑、想像、質問、解釋、評估和判斷等。好的思考是一種習慣，是要經由適當的訓練，任何人都可以提高其思考品質，也要能身體力行，改善思考的習慣才能增進思考的效率。例如：聽過的會忘記、看過的會記得、做過的才會瞭解更深入。人的思考並不是都能順利地從A點移動到B點，而不會分心。當注意力分散時，要能把它轉回到原先的目標和問題上。例如心思阻塞時，可以找一些有助於解決問題的事情來做，幫助思考的推進，而非呆坐在原處，或是重新將問題描述一遍，大聲的唸出來或用手畫出來，利用聽覺及視覺的刺激。再者，學習表達可以幫助思考。拿起筆，記錄下你的思考，看看自己是否在思考，以及正在思考些什麼，不要讓思考只在腦中打轉。

【舉例】

　　一位老員外非常喜歡牡丹花，庭內庭外都種滿了牡丹花，有一天，老員外採了幾朵牡丹花送給隔壁的老翁，老翁開心地把花插在花瓶裡。隔天，老翁的太太激動地跟老翁說：「這些牡丹花每天都缺了幾片花瓣，這不是富貴不全嗎？」老翁聽了也覺得不妥，就把牡丹花全還給老員外，並告訴老員外關於富貴不全的問題，老員外聽了忍不住說：「牡丹花缺了幾片花瓣，這不是富貴無邊嗎？」老翁聽得心花朵朵開，而且挑了更多的牡丹花開心地走了。

　　這個故事帶給我們的思考啟發是——有智慧的人，是不會和不同角度的人爭吵，因為每個人所思考的角度不同，所說的話自然訴求重點就不同。雖然，每個意見都是值得作為參考，但真正重要的不是你站的角度，而是你思考的廣度。

　　因此，創意思考是一種思考的行為，重點即是在解決問題。人們能針對某一特定的問題狀況，而能產生新的解決方法的能力。這個能力是可以經由後天的訓練而加強的，以及運用創意性思考的先決條件，是先瞭解有哪些妨礙創造力的障礙，並將它們去除的。歸納創意思考的五種能力分別如下：

一、敏覺力

　　指對問題或環境的敏感度。有些人敏感度高，任何事物若有疏失或不尋常的地方，很快的會感覺出來。形容敏感度高的人通常我們會用「獨具慧眼、洞燭機先、機警過人、料事如神」。

做法：

1.留意時事（尚）資訊：建立情報來源的通路，如新產品、新科技、新概念或新現象。
2.觀察周遭事物的變化及其原因：如生活型態及環境的變化。
3.勇於嘗試新的事物：讓生活有創意。
4.保持好奇心：經常都要有發問的精神。
5.經常自我反省：寫札記或日記。

二、流暢力

是指對同一個問題或看法能夠提出很多觀念或新點子，來解決問題。形容流暢力佳的人通常我們會用「口才流暢、應對如流、左右逢源、文思泉湧」。

做法：

1.相關事物的聯想：如相同結構、原理、用途、材料。
2.同義詞的聯想。
3.毫無拘束地想：假如我是……將會……因為……。
4.言語表達的流暢。

三、變通力

能夠從多角度、多方位思考同一個問題。具有彈性能隨時改變思考方向，亦即改變習慣的方法而採用新的方向，形容變通力強的人通常我們會用「因地制宜、隨機應變、舉一反三」。

做法：

1.強迫的組合思考：手槍＋火柴＝手槍形狀的打火機。

2.多點集中法：以不同立場觀念來解決同一個問題。

3.擴散多點法：由一點推想出多點。

4.童話式的擴散思考：星星是什麼？是小天使吹的泡泡？

5.圖案式的擴散思考：由一個圖形畫出類似的圖案。

四、獨創力

能夠想到別人所想不到的新觀念能力，也就是見解與其他人不同。形容獨創力好的人通常我們會用「獨具匠心、獨特新穎、一枝獨秀、推陳出新」。

做法：

1.非廣告的自我介紹：以編劇的手法來設計，用幽默的方式表達。

2.塑造自我：設計自己的名牌、室內擺飾，讓人難忘。

3.限時創作：以現有的素材，在一定的時間內創作出獨特的作品。

4.改編故事：利用誇大、縮短、轉化等技巧，故事更有趣。

五、精密力

在新觀念上不斷地使構想更完整、更無懈可擊，講求「精益求精」的精神。在原來構想加上其他新觀念或構想重組的能力，亦即在基本觀念上增加、重組或轉向組成相關概念，使概念更加完整精緻，形容精密力優的人通常我們會用「深思熟慮、深謀遠慮、周密詳盡」。

做法：

1. 環境聯想法：由一件事物作蜘蛛網式的環境周遭搜索，越詳細越好。
2. 智力元素分項思考：順序、過程、循環、分布情形、移動速度、形狀、傾向及可能性。
3. 自我對話：以自問自答的方式來訓練。
4. 預估危險：最壞的情況是什麼？
5. 精確的概念探索：比手畫腳遊戲。
6. 更上一層樓：將現有的物品加以改進。

因此，要有創意並不困難，簡單的來說，其中有一種創意是來自舊事物的新組合，其實就是開啓創意大門的第一把鑰匙。日常生活中所看到的「新想法」也是舊瓶新酒的組合，所以對於現狀，應持有勇於挑戰的態度，而不是全盤接受。所以，創意思考是打破舊有模式，跳出框架來思考問題。

第六節 創意三要素

創意並不特指廣告活動，文藝作品有創意問題，公共關係有創意問題，科學研究有創意問題，企業經營有創意問題。陶行知先生說：「處處是創意之地，天天是創意之時，人人是創意之人，從詩歌創作到房屋建築，從電腦程式到幽默段子，從音樂到科學，無一不是人類創造力的展現。」就狹義來說，創意的要素包含有專業技術及才智以上的專業知識；創意思考技巧為決定一個人如何靈活且具有想像力的解決問題；再者，為動機，這並非所有動機的產生都可以等量視之，由內在的熱度引導出的解決方案，就藉由外在的獎勵，而提出的方案

更具創意。就廣義而言，創意的三要素如**圖四**所示。

1.創意概念形成：創意在思維層面上的實現，創意只是一個想法，一個主意，人類的判斷及推理都是由概念所組成的。
2.創意素材選擇：在創意概念形成後，需圍繞這個概念收集並分析各類素材，使創意變成有形之物。
3.創意實現／表現方法：針對創意概念和收集的素材，在各種限制條件下，用什麼方式實現／表現創意。

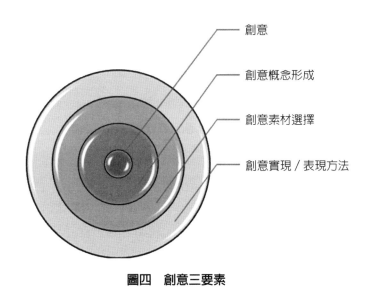

創意

創意概念形成

創意素材選擇

創意實現／表現方法

圖四　創意三要素

　　創意雖然不是萬能，創意本身並不能給社會和人類帶來實質性的改變。但是創意價值的實現需要應用於生活當中，這是一個系統的過程，即需要透過從「創意—策劃—執行—回饋—再創意—再策劃—再執行」一個循環的過程（如圖五），這個過程可能是簡單也有可能是複雜，而且創意在不同行業及不同領域的實現也有所區別。創意本身的實現就是不斷地去聯想、假想、空想等等，不斷地產生新創意，

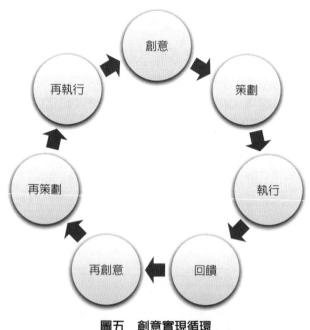

圖五　創意實現循環

有些創意光用「想」的，肯定還是想不出來，例如愛迪生發明電燈，是必須一邊想一邊不斷地去「做」、馬上去做，才能把「創意智慧放到最大」，才能出現高品質的創意。總而言之，就是要「去想、去動手、去做」就對啦！

第七節　創意與靈感

　　人們常說，文學創作需要靈感，靈感是一種神秘現象，有了靈感才能創作出優秀的作品。但是光有靈感還是無法完成創作，因為創作是創意的活動，是人工所獲得的結果。從心理學來說，靈感是最高級生命活動的精神生命現象，是剎那間獨創性最強的表現，具有突發

性、亢奮性、獨創性和短暫性的特點。是事先難以預料和控制，是突然出現，同時是一種全新想法，沒有雷同之處，有稍縱即逝的感覺。靈感是人腦的機能，是人對客觀現實的反應，與創意可說是休戚相關。但是，靈感也不是神秘莫測的，更不是心血來潮，它不會是從天上掉下來的禮物，而是人在思維過程中帶有突發性的思維模式，是一種長期的累積及艱苦探索的必然性與偶然性。

一、靈感的前提是創意思考

「讀書破萬卷，下筆如有神」，這說明靈感來自於創意的過程，靈感一般都是有創意思考作為前提，很多創作家沒有靈感時會深入思索，或者動筆反覆起草，以引發靈感。實際上，在創意的活動中，每個環節都有可能會產生靈感，反過來說，靈感是創意的代表和精華的部分。

二、資訊是創意靈感的途逕

若是在苦思探索的時候，潛意識的大腦裡會冒出很多資訊，如果這些資訊可以溝通多種資訊，這就是一種靈感，會形成創造性思惟。因此，來自各方面的自由資訊，都是靈感產生的泉源。如果想要獲得靈感，是離不開創意活動的，在靈感的影響下，創意又能得到昇華。例如：詩人李白喜歡飲酒，每醉必有佳作，自稱「斗酒詩百篇」，這就是自由資訊帶來的靈感。

三、創意和靈感的區別

創意與靈感是密不可分的，各有特色，它們之間的區別在於：

1. 時間長短：靈感往往是一瞬間的，而創意是需要經過一定時間的醞釀及思索。
2. 有無意識：創意是人類大腦有意識的活動，是在一定的動機下產生的，而靈感只是一種感覺。
3. 是否理性：創意是人為的及理性的，而靈感則是相反。

由此可見，創意是高於靈感，需要一定的技術操作性；靈感只是一種偶發的想法，它是來自創意，是創意中最為精妙的代表。

創意能力的激發

我認為人生最大的刺激之一是日新又新，不受制於舊觀念，這樣才能自由地尋找新創意。

——羅傑・馮依區

第一節　創意的能力特點

創意能力是指在一定的知識為前提之下，創意者充分發揮其主觀靈活性，進行創造性思維的能力，也是在實踐的基礎上，一種對知識經驗在不同層面的靈活運用。就以創意能力是創造性思維能力這一點來說，目前有些心理學家認為：創造性思維是多種思維的結合表現，是直覺思維與分析思維的結合表現，它不僅包含理論思維，而且也離不開創造想像力，這樣來說，創意能力主要是指創造性思維能力，更是傾向一種綜合的能力，包含一定思維模式和知識經驗的結合。它具有以下的特性：

一、人人是創意之人

從古至今，從中到外，每個人都有創意的能力。是人類獨有的特性，是人類與動物的本質區別。在創意面前人人都是平等的。從這一點來說，如何創造自由的空間，讓每個人都有均等的機會表達自己的創意，是十分有必要性的。英國歷史學家湯因比說：「為潛在的創新力提供良好的機會，這對一個社會來說是生死攸關的事。這一點極為重要——如果社會沒有讓傑出的創新能力發揮效能，那就是對其成員的失職。」

二、處處是創意之地

創意是人類智力活動中最具有創造力的部分，涉及人類生活的各方面，藝術、文學、哲學、科學、經濟、軍事等等，所有智力領域都需要創意，創意內容是無所不在、無所不包，除了各種點子、想法、策略、企劃，還涉及到各種新發現、新思想、新設計、新假想、新發明。總而言之，創意是文藝創意、企業創意以及廣告活動、政治藝術等核心，是決定它們成敗與否的關鍵。

三、天天是創意之時

人類發展至今，生活的各方面從未離開過創意，從茹毛飲血的原始人類到今天，離不開「火」的創意；從貧窮落後的遠古時代社會到日新月異的資訊時代，離不開一系列精妙的創意。

四、創意需要動機

創意的動機是無奇不有，其動機分別有：為利益進行創造發明，這是常見的創意動機，目的性強，是現代企業最熱衷於創意的第一驅動力；好奇心是人類的天性，為了將問題探究明白進行的創意；懷疑是科學進步的動力，也是創意的動機之一；興趣與創意過程十分相似，經過不斷地思索與行動，獲得一定的利益，這一充滿趣味和吸引力的過程，就是創意。愛因斯坦說「興趣是最好的導師」，就是這個道理。

五、創意具有社會性及經濟性

當今社會，創意是智慧產業神奇的經濟組合，使人們重新認識科技，賦予感性與藝術氣質，包含美學的內涵。這特點要求創造力必須要有社會性或經濟性的市場，否則是無法形成創意經濟。

六、創意具有靈活性

靈活性創意能力是適應變化環境，是對原創意做適當的調整或重新組合的一種能力，靈活性是經濟市場對創意的內在要求，創意最終還是要融入經濟市場，就必須有經濟市場的適應性，經濟市場不斷地在變化，如果創意還是依然如故，那它就走了上絕路，等於自尋短見。創意要融入經濟市場，靈活機動性是首當其衝，如果對於經濟市場的暫時性波動認識不夠，就容易手忙腳亂而草木皆兵。反之，如果對於經濟市場關鍵性的轉變缺乏敏感，那只能痛失良機。

七、創意無失敗之說

創意是投資未來及創造未來的過程，它會改變一個人的觀念，會把機遇轉化為價值。但非每個創意都會成功，這可能只是下一個創意的前提，因此，創意無失敗之說。

八、創意需要超常人的智慧

智慧能力往往能出奇勝，創意者利用超常的智慧，能將日常生活中最基本最簡單的素材進行組合，從而形成一個創新思維並將其推向

市場。這種智慧性的創意能力往往具有極強的前瞻性，更突出新穎性是獨一無二的。智慧性創意思維能力的養成並非由先天所決定，大多是後天有意識地培養和環境等因素。

第二節　創意的能力要素

「1%的靈感，99%的血汗」，是成功的名言。但是在現實的生活當中，還是有很多具有良好天賦的人終生碌碌無為，毫無創意可言，這到底是什麼一回事？創意不僅僅是創造者投入腦力活動的成果，更是腦力活動與體力活動、物化活動所結合的成果。人人都有創造性材質與智慧，都有創造的機會，但非人人都能做出創造的結果。這中間存在的要素如下：

一、膽大心細的觀察力

觀察力是對周圍的事物有考察的能力，雖然人人都有觀察力，但是人與人之間的觀察力有很大的差別，例如：同一件事物，由於觀察者的不同而產生不同的結果，甲人注意到的是形狀、色澤：乙人注意到的可能是屬性、質地：丙人卻對這件事物不感興趣，所以可能對這件事物的特徵一點印象都沒有。這三種不同的結果是觀察力不同使然。而觀察力的不同又是由於以下的因素所引起的：

(一)個人興趣

個人興趣對於觀察力的影響很大，觀察者如果對這件事物產生愛好或好感，就會投入極大的熱忱，自然而然就會觀察細緻到每一個小

細節，那麼所得到的結果肯定是相當細緻而準確。

(二)知識層次

由於觀察事物的知識層次差別極大，所以看到同樣的東西，所得到的結果卻是不同的。例如：同樣是一塊沉積岩，採石的工人認為它只是一塊較好的石頭而已，對於他來說，作用於石頭最大創意莫過於能將其加工成某種形狀的石頭，以符合客戶的需求標準。但古生物學家不僅認識到它可用來做地基的石材，而且可以從岩石的花紋中找出古代水文的狀況以及植物的演化，進而推論出這塊石頭的地質年齡以及當時的氣候條件、生物活動情況等等，從而做出一幅細緻的圖表來對當時的時代做一個完整的描述。

(三)實踐經驗

實踐經驗對於創意者的觀察力會產生明顯不同的效果，創意對社會接觸越廣，認識就會越深刻，一個缺乏經驗的創意者對社會上某些現象容易做出一些不切實際的判斷。因為他看到的只是事物的表象，而一個實踐經驗豐富的創意者，則能透過現象看到事物的本質性。所以，這對於提出確實可行的創意有極大的幫助。

二、天馬行空的想像力

我們都知道想像力與感性和理性思維有密切的相關，想像力是人對頭腦中已有的表象進行加工改造並創造出新形象的過程，想像力過程中已有表象的改組，綜合各種不同的方式，其中最簡單的一種方式就是組合，把兩種事物的品質、特性或部分組合起來，有如美人魚

或豬八戒的形象等等。其次，用誇張的方式將事物的某一部分加以組合，使它增大、減小、數量加多、色彩加濃，有如蒙娜麗莎的微笑形象等等。還有一種就是最典型化的做法，把某件事物最典型、最有代表性的特性集中於某一事物的形象上。而創意思維中的想像力更趨向於典型化，因為，它必須集中並突破事物才能吸引人們的注意力，最終得到接受與認同。

　　想像力還有一種特殊形式就是「幻想」，是創造想像的一個特定範圍，可以分為積極有益的幻想和消極無益的幻想。作為一個創意者而言，更應該利用積極有益的幻想，積極有益的幻想對於創意者是一種極大的推動力。而積極的、健康的、有社會意義的幻想也有可能超越社會發展的自然進程，因為，創意者能夠在他將要開始或剛要開始從事某種創意的時候，就能在想像力中看到自己成就的藍圖，所以他才有足夠的力量和信心去完成各種困境並且堅持到底。例如：約二百年前法國科學幻想小說家儒勒‧凡爾納，在他的書中曾寫過的電視、潛水艇、電話、霓虹燈、飛彈、坦克車等等，這些後來都一一實現，正是這種幻想力使創意者能夠成為科學發明和人類思想的先驅者。

三、料事如神的預測力

　　是對創意適應經濟市場未來態勢作長遠預測的能力，包含對買方的市場預測，還有對創意實施階段的量化預測，以及對創意實施結果的質化預測。首先，要考慮他的創意是否能被市場所接受，如果他的創意被市場否決，那麼這個創意也就是無任何存在的意義，而他的付出也就無任何價值。其次，創意者的創意在實施階段往往帶有一定的風險性，但這是創意實施階段的必要過程，這也就是為何要求創意者對創意實施階段要進行量化預測的原因。最後，對創意結果的質化預測是指創意真正作用於市場之後，對創意產生實效後的本質預測。

第三節　創意的能力培養

雖然說人人都是創意之人、處處都是創意之地、天天都是創意之時。但創意能力的培養並非一朝一夕之事，而是需要日積月累的經驗累積。創意的能力培養應當從創意意識和創意技法等兩方面入手，如果是從創意技法而非從心理學方面來培養的話，那麼就應該注重右腦的開發，從生理學上加以提高，以期達到應有的目的及效益。

一、提高創意意識

創意意識在創意前是必備的一種心態，創意者需要的是一種積極、主動的創意心態，才有可能產生比較前衛的創意。所謂的創意意識就是創意者受外界事物的激發，而產生創意火花的一種醞釀思維。人的創意意識有分為習慣性創意意識和強制性的創意意識。習慣性創意意識是指不需要主體意識主動的特別干預就能有效地支配人的創意活動的意識。這種創意意識一但形成，就具有穩定持續的特點，因此，習慣性創意意識是從小時候就要培養起。而強制性創意意識是指創意意識的產生必須有主體意識的強制干預而形成的創意意識，它是受到創意主體目的性地支配，當創意活動的目的達成後，這種創意意識多半會消失。因此，培養創意意識要從習慣性創意意識和強制性創意意識兩方面著手。

(一)習慣性創意意識

培養習慣性創意意識理所當然是要從小開始，著重右腦開發及從

品格上加以磨練。人腦有左右兩個半球，一般來說，左腦主要是邏輯思維、表現語言、運算功能等等。而右腦則是開發人的創造性思維的核心，若要多做一些與形象思維有關的活動，就是應該多用右腦。在品格磨練方面，創意性品格是一種穩定的心理品質，它一旦形成，就可以激發創意意識的持續延展，創意性品格大致可包含：尊重知識、崇尚科學、仰慕創意的品質、勤於思考、善於研究、提出質疑的習慣、勇於探索、求新求變、獨樹一格的創新精神。

(二)強制性創意意識

強制性創意意識的培養方法有外部強制與自身強制。外部強制是指一切由外部因素激發的創意意識，例如：上級長官下達指令性的任務或是委派的開發任務等。但對於具有一定敬業精神和責任感的人來說，外部強制是可以在一定時期保持其旺盛的創意意識。自我強制是由自我需要的目的性而引發的創意意識，自我強制的目的性既是有經濟利益的需要，如獲取資金、轉讓費等而強制自己去創意，但也有個人因心理需要，藉由顯示自己的才能，認為發明創造是一種享受，或者可以滿足心理上的成就和成功感，就強制自己去創意。所以，更高境界則是宏偉的抱負與崇高理想的需要，從而激發創意意識。

二、掌握創意生活經驗

每一個人心裡都有自己的判準和考量，這影響了你的決定以及你的因應策略。在某些程度上都能解決問題，能夠達到目標或解決問題的想法，這就是「創意」的思考，例如，現在很多人在使用「臉書」（Facebook）的社群交流網站，或是使用YouTube來進行視訊影片的上傳分享，都有相當程度的支持者。這些具有創意的作品大致上都具有

增進人際溝通的價值性，簡易的操作方式也讓很多人能輕鬆上手，使用者多，影響層面自然較為廣泛。有時候會很羨慕他人的言談表現很「不同凡響」？你是否發現有些解法會讓很多人覺得「會心一笑」？或是某些作品怎能引起大眾的廣大關注，人人「愛不釋手」？這些創意的點子不是憑空產生的，它需要豐富的生活經驗、深厚的知識背景，還要有靈光乍現的加乘。彩繪你的生活經驗，或是汲取豐沛的知識，這都是透過努力能做到的，至於靈光乍現，需要一點魔法、氣氛以及機運，但若我們能夠透過平時的準備，當運氣或機會來臨時，離成功就會更近一些了。

三、開發全腦創意潛能

就腦部的結構而言，一般左腦掌管的活動為語言、邏輯、寫作、科學、數學，右腦掌管的則是空間建構、創造思考、想像、音樂鑑賞、藝術鑑賞等。雖然右腦思考與創造力相關，但也有更多研究證實，創意涉及「全腦」——即左右腦的共同開發。過去在我們升學考試的階段，大部分的訓練多是以左腦訓練為主，所以在進入自主氣氛濃厚的大學生活後，我們可多主動安排能強化右腦思考的活動。這類活動要強調運用「色彩」、「圖像」、「譬喻」以及「情感」，這幾個要素攸關創意展現的強度。例如華碩電腦推出「變形金剛」平版電腦，以及找音樂人來設計科技業的「無與倫比」筆電，都因作品名稱具譬喻性，且產品本身融合高度的色感、圖騰，而深深牽動使用者情感，讓產品銷量大增。因此，平日請多留意各種創作比賽、戲劇表演、環島旅行、海外遊歷的機會，課餘參與讀書會，與不同科系成員討論互動，理工科的同學宜加強文學的涉獵，文組的學生則多加強科普的知識，讓左腦右腦能發揮出更大的潛能。

第四節　創意的能力表現

創意最明顯的特點就是與眾不同，而其表現能力卻是多種多樣的，創意最主要的表現分別有發現、發明、發展等三種。在這三種表現形式中，人們往往特別關注於發明，其原因是大家普遍都對創作發明有種崇拜感。但是發現與發展從總體上來看，對社會所引起的作用是持續不斷地。

一、發現

人們發現了某種事物、現象或規律等，這種事物、現象或規律以前就存在並發生作用，但一直沒有被人們所認識，直到被人們所發現，這正是「發現」。發現有時是偶然產生的，有時是透過人們大量的自覺研究或實踐。有些事物是很容易被發現，也有很多事物是不容易被發現，這需要敏銳的觀察力和不懈的努力，甚至還需要某種「運氣」。例如：冥王星的發現，這是最典型的事例，冥王星的亮度很弱，在浩瀚的星空中去尋找這一顆星星，簡直像是在大海裡撈針一般，機會是趨於零的。美國天文學家洛厄爾為了尋找冥王星，在有生之年做了大量的研究工作，但直到去世時仍未能找到。1929年洛厄爾天文台的台長邀請威廉·湯博參與發現行星的研究工作，經歷多年的研究及對於所拍攝的每一張照片進行仔細研究，威廉·湯博終於在雙子星座的底片發現了這顆冥王星，真是皇天不負苦心人。許多都認為威廉·湯博的運氣好，這也是不可否認的事實，但是如果沒有付出大量的努力與時間，這種運氣是不會出現的。

二、發明

　　人類早期的發明創造往往是無意的、偶然的。但隨著社會的發展程度提高，發明也變得自覺化和制度化。例如：針灸術的發明，傳說是人們在感到身體某些部分的疼痛，在無法忍受之時會用石頭猛砸自己疼痛的部位，在無意中發現砸中的部位可以減輕疼痛，之後，就逐漸發現了人體各個穴位並發明了針灸術。發明的過程往往能集中地體現人們的創意思維，帶給人類社會促進作用是非常明顯的。因此，各個國家對於發明創造都十分的重視，還制定專利法對發明創造給予保護。世界上第一個建立專利法的國家是英國，1623年英國通過了「壟斷法規」，所以，英國被稱為現代專利的鼻祖，而專利法更促進了英國資本主義的發展，對世界其他國家產生很大的影響。

三、發展

　　發展是指人們對已有的某種事物進行改造，使其變得比原來更加完善。例如：某科學家對某種測量工具進行改造，使其測量的數值更加準確；設計師對某種椅子的尺寸進行改造，使其更符合人體工學，讓人坐起來更加舒適。在一些情況下發展的難度會比發現和發明還要簡單，因為，發展是一種最廣泛存在的創意活動，由於發生頻率高以及影響面廣，才能夠持續不斷地推動人類社會的發展進步。例如：我們看到最初的自行車和現代的自行車，除了輪子都是圓的之外，其他的構造部分已經發生了很大的變化，人們甚至難以把兩者聯繫在一起。究其原因，就是因為自行車被發明後，經過不斷地改造與改良和發展，無論是構造、材質、功能、外型等等，都有突飛猛進的變化。因此，發展是最常見的創意活動，對於人類社會的作用同樣是巨大的。

第五節　創意的能力形成

　　根據學者研究，創意能力形成來自外在因素及內在因素，外在因素包含遺傳素質、環境因素以及個人實現等等，而內在因素則有創意思維。創意能力具有綜合獨特性和結構優化性的特點，富有創意能力的人具有鮮明的個性色彩。

一、外在因素

(一)遺傳素質

　　遺傳素質是形成人類創新能力的生理基礎和必要的物質前提，它是潛在決定著個體創意能力未來發展的類型、速度和水準。任何一個創意能力強的人，個性都是非常強烈。創意就是反常規，是凸顯個性，創意的實質就是把兩件毫無不相關的事情聯繫在一起。所以，創意能力是最能實現一個人的身心素質。

(二)環境因素

　　任何一個創意能力強的人，都需要良好的環境才能充分施展自己的創造才能，在相對的中庸的傳統環境裡，個性化濃厚的人很難被接受，甚至還會被排擠，這會帶來創意的阻礙。相反地，一個優化的環境會為個性化發展創造有利的條件。

(三)個人實現

實現是創意能力形成的基本途徑，有一位印度雕刻師雕刻的大象栩栩如生，渾然天成，很多人都很佩服他並詢問成功的原因，他告訴人們：「只要把木頭不像大象的部分拿掉，它就是一頭大象了。」這位雕刻師是不斷地實現而獲得創新的能力，突破常人的想像，所以創造出非凡的藝術品。

二、內在因素

創意能力形成的內在因素是創意思維，是一個人創意能力形成的關鍵所在。世界著名廣告公司智威湯遜在招募人才時，曾有這樣一個考題：「你會怎樣將一份吐司推銷給外星人？」結果很多年以來，這個題目都沒有很好的答案。直到有一天，有位前來應徵的年輕人看了題目後，經過思索就在答案卷上寫了一大堆奇怪無人認識的符號，結果這份考卷被認為是最好的答案，因為推銷的對象是外星人，用不著跟他們講地球語言。這個年輕人的思維非常靈活，有了與眾不同的答案，實現自己的創意能力，進而獲得夢寐以求的工作。

創意技巧的實現

在我的專業領域和個人生活中，不斷地追尋一次又一次的創意，創意的活動讓我感覺到自己的存在，卻也曾讓我痛苦不堪。歷經三十多年的編舞生涯，我終於明白，只有當我把創意視為生活的一部分，當作一種習慣時，才能真正的擁有創意。

——崔拉・夏普

第一節　創意的表現形式

對於一件事物問題，人們往往只會看到新成果、新發明、新財富，卻忽視了創意本身。在人生中，創意涵蓋著各方面，大致有以下的表現形式：

1. 發明或革新：這是最通俗的創意，比如發明電話、電燈等等。
2. 問題的解決：解決問題的新對策、新方法也是最常見的創意，比如曹操挾天子以令諸侯，這就是政治創意。
3. 理論的構想：比如哥德巴赫猜想、宇宙大爆炸學說等，都是屬於理論性創意。
4. 革新的制度：比較有實用的創意，現代企業常常透過這個方法來改善管理方式，以提高工作效率。
5. 境界的變化：比如有些人想不開，經過他人的勸說而放棄自殺的念頭，這也是一種創意的表現。

以上五種創意的表現形式都是實現在人類生活中的每個領域。但是從不同的角度觀察，又可以有不同的形式分類：

1. 發生領域：依據發生的領域，創意可以分為科技創意、經濟創意、政治創意、社會創意和文化創意，創意不只是發生在經濟領域，也不只是發生在文化領域。而是發生在社會各個領域，只有全面發展創意，才能實現創意的人生和國家。

2. 所屬專業：依據所屬專業，創意分為廣告創意、設計創意、文學創意、藝術創意、行銷創意、管理創意、技術創意、規劃創意等等。每一個專業都是創意的產物，也都是在創意中發展。尤其是廣告與設計更是創意的重點專業。

3. 完善程度：依據完善程度，創意可分為不完全創意和完全創意，萌芽創意指的是尚未成熟或者只具有一定雛形的創意，它可能有作用，為下一步的創意打基礎。不管是怎樣，相對於理想的成熟創意，我們不能打擊它、毀滅它，而應該是給予尊重、保護並且支援它的發展。

4. 發展狀況：依據發展狀況，創意可分為原始創意和衍生創意，前者是第一次出現有意義重大的創意及創新。後者則是對於創新進行消化吸收後，衍生出來的創意，兩者都是非常的重要。

5. 產出價值：依據產出價值，創意可以分為重大創意和一般創意，重大創意不僅規模要大，關鍵是會產生較大的價值，這一點受到國家和企業的重視。而一般創意也是很重要，因為有它們的價值，而且很有可能衍生出重大的創意。

6. 參與程度：依據參與程度，創意可分為職業創意和群眾創意，前者是指由專門組織和人員從事的創意，比如廣告策劃公司進行創意。後者是由普遍大眾提出的創意，群眾的創意是無窮盡的，唯有廣大人民積極性的來參與創意，才能建設創業型企業和國家。

7. 產生條件：依據產生條件，創意可分為主動創意和偶然創意。前者是有意識的創意，是經過一定準備的創意，比如科技部的

各種研究計畫。後者是無意識的創意，也可能在有意識創意活動中產生。兩種創意雖然存在有無意識之分，但是在價值方面是沒有區別的。

8.創意是否先天：依據創意是否先天，分為聰明創意和不聰明創意。前者是天生的、獨創的、毫無軌跡可尋的，它是不用透過訓練就能獲得，比如科學家發明發現。不聰明的創意是指後天獲得的，是經過訓練而培養出來的，比如產品的改良、產品的定位、產品的新用途。

總而言之，不管創意如何分類，也不管是哪種創意，都是人類的使命，人類存在發展不息，創意創新活動不止。

第二節　創意崛起與障礙

21世紀後的時代，能力不再是成功唯一的主要關鍵，創意才是決定勝負的一切。最高明的創意，是「天衣無縫」的抄襲，而成為「青出於藍」的模仿。世界著名的未來學家阿爾文‧托夫勒曾經預言：「資本的時代已經過去，創意時代在來臨：誰占領了創意的制高點誰就能控制全球！主宰21世紀商業命脈的將是創意！除了創意還是創意！」在這個知識經濟、資訊經濟的時代，不是擁有知識和資訊就等於「經濟」，他們之間有共同公開的「通關密語」──那就是「創意」。而面對知識經濟的浪潮，各國政府從上到下都在大力宣導「學習型社會」，以及主張「終生學習」。創意產業絕大程度是用一定的技術或藝術手法，將既有的文化資源進行開發所形成的產業，從日本的動畫產業中可以窺見一斑！因此，創意的崛起是財富不竭的泉源，好的創意是可以興起一座城市，成就一個企業，打贏一場戰爭及創造

一片奇蹟。所以，創意的崛起絕對是左右未來經濟市場的主要關鍵。當今社會，人們對於創意思維的理解，還存在很多的不足及障礙，主要歸納因素有：

一、對於創意的理解過於狹隘

人們對於創意的理解固定到了物質上了，這也許是創意的實用性帶來的後果吧！人們醉心於科技發明、技術革新，追求一顆螺絲釘有多少種用途，這樣一來，創意思維就會變得狹隘了，創意者成了工匠，創造學說成了圖紙，人類對精神領域的創造視而不見，例如：觀念的轉變、理論的構想、文學的創造等等，很少有人在關心，進而造成極大的損失。

二、創造方法過於單一

創意思維表現有很多種創造技法，也有一定的局限性，由於人們對於創造能力的畏懼心理，很多人太迷信自己有的技法，墨守成規，反而阻礙了創造潛力的發揮。所以，真正的創造應該拋棄舊有的一切，從零開始。

三、習慣成為思考的定勢

人們的習慣一般表現為循規蹈矩，是創意思維障礙的主要關鍵。例如，一天的生活工作是朝九晚五，加上日復一日的工作，人們有95%左右的動作都是習慣性動作。習慣沒有什麼不好，有了習慣才使得生活及工作井然有序，國家社會才能更加和諧。但是，當生活上的

習慣和行為上的習慣延伸到精神層面時，習慣成為思考上的定勢，習慣就有可能統治個人，當人人都因習慣而自然，那麼習慣就統治一切，也就成為創意思考的障礙。因為人們對習慣的事物失去靈敏性，反應會變得遲鈍，甚至麻木不仁、視若無睹，無法發現問題，當然就無法解決問題。

【舉例】

　　阿西莫夫是美籍的俄國人，是世界著名的科學家，他曾經講過一個關於自己的故事：阿西莫夫從小就很聰明，是屬於天賦極高之人。有一次，他遇到一位汽車修理工人，修理工人對阿西莫夫說：「嗨，博士，我來考考你，出一道題目，看你能不能答對。」阿西莫夫點頭同意。修理工人便開始說題目：「有一位聾啞人，想買幾根釘子，就來五金行，對老闆做了這樣一個手勢～左手食指立在櫃檯，右手握拳做出敲擊的樣子，老闆見狀，先給他一個槌子，聾啞人搖搖頭，於是老闆就明白了，原來他想買的是釘子。」

　　「聾啞人買好釘子剛走出五金行，接著近來一位盲人，這位盲人想買一把剪刀，請問：盲人會怎麼做？」阿西莫夫順口回答：「盲人肯定會這樣～」，他伸出食指和中指，做出剪刀的形狀。聽了阿西莫夫的回答，汽車修理工人開心的笑起來：「哈哈！答錯了，盲人想買剪刀，只需要開口說我要買剪刀就行了，幹嘛要做手勢呀！」阿西莫夫只得承認自己的回答很愚蠢。

　　從這個舉例來說，影響創意思考的因素是多方面的，我們平時經常強調教育對創意的意義，所以，分數的高低並不是決定智慧的一切，當然更不能決定一個人的未來

第三節　創意的幽默廣告

　　幽默不僅是樂觀積極的生活態度，更是創意、智慧、自信和氣度的極致展現。在機智、風趣的互動中激盪創意的火花。巧遇的創意，擁有著無可預料所帶來的驚喜，有時靈感來自所蹦出的想法遠比紙上筆畫還來得有意思。鼓舞每個人培養幽默、創意，為自己的工作和生活加分！生活需要幽默，幽默大師林語堂說：「幽默是智慧的代名詞，是生活的調味品。」幽默以歡笑為橋梁，為我們的生活帶來樂趣，讓人會心一笑，表現出令人驚喜的創意點子與別出心裁的設計想像。思考大師德波諾把幽默提升到極重要的位置，認為幽默是人類大腦最重要的思維活動，比邏輯更重要。幽默是橫向思維，從一般人忽略了的角度看問題。懂得幽默，才有獨到見解，才有創意。德波諾甚至認為，幽默讓人們認識到傳統思維方法的缺失：過分依賴邏輯，忽略了觀感；殊不知觀感的轉變，可以帶來情緒的即時轉變，這是靠邏輯做不到的。例如：1863年，英國駐美大使到白宮拜訪林肯總統。他進入林肯的辦公室時，竟然看到林肯在擦鞋。大使十分詫異，禁不住衝口而出：「總統先生，你怎可以擦自己的皮鞋！」林肯停下來，平靜地回應說：「那我應該擦誰的皮鞋呢？」

　　幽默設計以歡笑作為審美的特徵，藉由許多後現代主義語意情境下的設計語言，以戲劇性、誇張、詼諧、幽默的表現手法，利用造形、色彩、圖案、材料，將它轉化成設計的幽默元素，以風趣、詼諧的體驗效果，為人們帶來歡聲笑語，抒解內心的緊繃情緒，增添生活的色彩。幽默廣告的表現手法是一種融合創意構思、主題提煉、元素組合、圖形表現、幽默場景的高智慧與高情感的藝術表現方法。幽默廣告從常規中求異、求新、求奇，在輕鬆詼諧幽默的氛圍中，強化廣

告訴求，增強廣告的感染力、表現力和說服力。幽默指所有引人發笑的事物，以曲徑通幽的方式，令人產生含蓄會心的笑，通常被看作是高雅的、充滿智慧的，表面看著輕鬆而實則意義深刻。幽默能引發快樂、帶來喜悅，以愉悅的方式使別人獲得精神上的快感，是一種最有趣、最具感染力的表達藝術。

一、幽默主題的創意提煉

　　幽默圖形透過其特定的象徵涵義經過優化重組，來表達廣告設計的主題訴求，形成完整的視覺形象。在能表達廣告訴求的眾多元素中，不都具有幽默性。能否成為表達設計主題的幽默圖形，不僅取決於其自身鮮明生動的外在形態，還要看所表達事物的幽默程度及其所具有的象徵內涵意義。在幽默廣告的視覺表現中，廣告主題始終是第一位的，大衛・奧格威曾說過：「好點子即是創意，要吸引消費者的注意力，同時讓消費者來購買你的產品，非要有好的點子不可，除非你的廣告有很好的點子，不然就像被黑夜吞噬的船隻。」對於幽默廣告的表現來說，當廣告訴求主題為表達某一抽象概念時，我們要圍繞該廣告主題發揮我們思維的主觀能動性和創造力，對廣告主題仔細分析、挖掘和提煉，將頭腦中的抽象概念形象化、視覺化，綜合圖形、色彩、構圖、空間、節奏、比例和韻律等視覺要素，將視覺化的元素更加生動有趣，造成鮮明的視覺感受效果，吸引受眾的注意，言有盡而意無窮。

二、幽默元素的組合選取

　　幽默廣告的趣味性主要以圖形創意為表現方式，圖形是視知覺的活動，是直觀生動具體的形象，是人類透過視覺形象引起訊息交流

的特殊化的視覺符號，能傳達思想情感。圖形在傳達、感受、體驗和思考的過程中伴隨著喜悅、憂傷、痛苦、憤怒、緊張、鬆弛等情感感受。對圖形的感性表達，最重要的在於情感的沉澱，圖形是情感流露的媒介。在幽默廣告中，設計者透過對點、線、面、色彩、空間的提煉組織，構成有目的性的、具有強烈藝術表現力和感染力的視覺形式，使廣告的主題、思想、主旨、情感和概念以輕鬆愉悅，詼諧幽默的方式進行傳播。圖形是國際性的語言形式，無國界限制，無語言文字差異，不存在溝通障礙，幽默元素是在特定的廣告訴求下，在特定的思想意識支配下，對某一個或多個元素的提煉加工，外在形式上具有美學的審美特徵，在內涵上兼具深刻的內涵意義，以輕鬆愉悅的形式給人以智慧的啟示。

三、幽默圖形的表現手法

　　幽默圖形元素可以透過形態同構、解構重組、元素替代、正負形態、共生、異變等手法來表現出生動趣味性的特點，形態同構是形態不同的視覺元素相互構築，可以是同質形態，也可以是異質同構，同構圖形注重形態的整體性，重視美學質量，強調同構體自然而合理。解構與重組是打破思維定勢，將視覺元素打散分割重組，再按設計意圖，有意識地進行重新排列構成，獲取新的有意義的形態。元素替代亦稱偷梁換柱，改變傳統的思維模式，依據形態之間的相似性或意念上的相異性，進行形態間的置換，置換後的視覺元素既合乎情理又出乎意料。正負形態是圖與文相互借用，巧妙共生，形成正負互襯的奇妙視覺效果。幽默圖形透過多種不同的表現手法，以生動誇張的視覺圖形創意整合了產品訊息，影響受眾的感官和心理，強化增強產品的賣點和廣告的訴求。幽默廣告依賴於抽象思維和形象思維，透過同構、共生、置換、正負形態等表現手法，將抽象的幽默概念轉化為具

體鮮活且輕鬆愉悅的幽默圖形，增強廣告的可視性，滿足新時代背景下受眾的審美需求。幽默廣告透過獨特的創意、生動的形象、鮮明的色彩、合理的構圖，強化廣告訴求，使受眾和廣告賣點產生共鳴，引發深藏在心底的某種情緒的釋放。

第四節　創意之力的類型

　　創意可以影響一個時代，可以改變一個國家、都市、地區，帶來持久的動力、熱情，也有可能僅僅改變一個人。因此，所謂的創意之創意力，是指具有改變事物、影響世界的能量或能力。現代產品之爭、品牌之爭的起點就是創意之爭！英國國會指出，「人民的想像力是國家最大的資源」。日本人也提出「創意立國」戰略，即「獨創性關係到國家的生死存亡」。可以說，創意力是人類進步的原動力，是所有偉大成就的內在，是國家進步用之不盡的動力。因此，不論是個人、企業、團體的進步、發展都是十分重要。創意力是人類進步最大的動力，只有創意才能啓動知識，哪裡有創意，哪裡才會有科技創新與經濟增長，一個創意可能勝過雄兵百萬，也可能爲國家及都市和企業帶來無窮的動力。

一、個體創意力

　　從人類來看，人人都具有「創意」，只是程度不同、領域不同；所以我們可以得知「創意」會隨著不同情況、時地物背景、個人特質而改變。然而，靈感和想法常常就在那一瞬間，反之，當你強求需要靈感出現時，它可是「叫天天不應，叫地地不靈」，因爲創意跟你平常處理事情時運用的思路完全不同。從心理層面來說，具創意的人格

特質是很難理解的，因為他們在某些程度上是複雜的、矛盾的，甚至是不受控制的，而且往往不太按牌理出牌。對於一個怪咖藝術家來說，有「創意」不僅僅是旁人對他的刻板印象，其實他也真的是一個複雜、難理解的人。根據研究指出，創意涉及多種特徵、行為和社會影響，這些因素集結在一起，便加劇了「創意」的生成。

　　世界對於有創意的人來說，就像是萬花筒，他們看到的可能性無所不在，看到任何可能便把它納為創意的精神糧食。有創意的人通常會搞清楚，什麼時間對他來說是靈感泉湧的，並且運用那些時間做高度創意的事情。有創意的人喜歡體驗新的事物、感覺和吸收新知。這種開放的心態有助於創造力的成長跟顯現。放開心胸去體驗事物，是一種很有力的方式預想創造力成長。勞埃德・考夫曼（Stanley Lloyd Kaufman）說：這包括很多不同面向的體驗，但是其實本質上都是習習相關的，例如好奇心、尋求刺激感、開放的心胸、對未來充滿幻想等等，這是一種很強的驅動力讓你想要去探索外在世界，以及追求自我內在的歸依。

　　有創意的人對任何事情充滿好奇——不論老少，他們通常在日常生活中，保持高度的好奇心，即便日子越來越長，身體越來越老，他們也總是能夠在生活中提出一些大哉問。無論是透過激烈的交談辯論，或是自問自答，有創造力的人總是張大眼睛看他們周圍的世界，老想知道為什麼？是怎麼樣？為什麼會這樣？有創意的人與生俱來觀察周遭事物的能力，因此他們也特別愛觀察身邊的人，並且從旁人身上得到最好的點子。從事創意性的工作，某部分來說就是一場冒險。有創意的人在從事這些行為時，其實某部分也承擔了生活上的風險，例如從事藝術創作，難以餬口度日，這就是對於生活的冒險。充滿冒險精神和有創意之間，實質上具有深刻意義的關聯性，但是它常常被人們被忽視。Forbes網站合同撰寫人史蒂芬・科特勒（Steven Kotler）寫道：創意是一種無中生有的行為，它需要先將旁人的刻板印象擺在

一邊，承受著看似浪費時間、聲譽受損、沒錢可花的負面聲浪——但其實這都是一般人對從事創造行業的人的誤解。

德國哲學家弗里德里希‧威廉‧尼采（Friedrich Wilhelm Nietzsche）認為，一個人的生命和他的人生，應該被看作是一件藝術品。有創意的人可能很容易用這種方式看待人生，他們不斷地尋求在日常生活中自我表現的機會。創意，就是一種個人經驗的展現與詮釋。勞埃德‧考夫曼說：「創意無非就是將你的需求、你的渴望和獨特性展現出來。」有創意的人往往有強烈的信念以及熱誠，這意味著這些渴望、熱誠、信念驅使他們前進，而不是由外在虛名或是金錢、物質上的欲望帶領。心理學家已經證實，有創造力的人，透過富有挑戰性的事件來獲得成就感，這是一種心燈，引領他們前進、向上。而研究表明，單是一種簡單內在信念，引領你去完成一項活動，這就足以提高創造力了。

因此，創意的人與一般人的不同，有創意的人，他們有一種神奇的能力，可以看見任何事物的機會，一般人反之。換句話說，他們的願景以及眼界不同。許多偉大的藝術家和作家都表示，創意，只是將別人壓根沒想到的「點」，相互連接起來而已。史提夫‧賈伯斯（Steve Jobs，蘋果創辦人）說道：創新只是把東西連接起來，當你詢問有創造力的人是如何做到的，他們會有點不好意思，因為他們並不是「做到」，而是「看到」。他們只需要一點點時間，就很容易看出端倪。原因在於他們能夠連結自己的各種經驗，然後組合出新的事物。而他們之所以會具備這種能力，則是因為他們的經驗比別人更豐富，或者對經驗的思考更透澈。勞埃德‧考夫曼說：「有創意的人喜歡變化多端的生活模式，從中獲取新的經驗、體驗新事物，而且他們試著避免任何單調乏味或世俗的規律生活。」

二、團體創意力

　　一個創意團隊，除了團隊的創意和執行力之外，我認為最重要的是團隊的向心力。因為，再有創意或者是執行力，如果向心力不足的話，很容易造成人員流動而影響工作效率。而創意團隊的特性大多屬於精簡有彈性的型態，成員的腦袋裡裝著許多天馬行空的創意點子等著被實現，他們需要一個能夠發揮的舞台，更需要能夠一起實現這些點子的夥伴。面對這類型的成員，要維持團隊向心力，平常就要從下面列出的這幾點開始培養起，千萬不要等到心態開始動搖之後才關心。

三、讓成員瞭解團隊創意理念與目標

　　每一個夥伴加入團隊的原因未必相同，有的人想要在團隊裡面獲得更棒的能力，有的人想要獲得更豐富的經驗，也有的人喜歡團隊裡面的工作氛圍，這些都很重要。不過既然是團隊，就有必要讓所有夥伴清楚瞭解這個團隊未來要發展的理念和目標，否則在匆忙的接案過程中，有些人就會不知不覺失去方向，興起了離開的念頭。雖然不至於要耳提面命或是製作成公司標語貼在牆壁上，但是領導者需要在適當的時候再跟夥伴確認團隊理念和目標，因為，這是根本，是讓真正屬於這個團隊的成員擁有向心力的來源。

四、應給予機會並全力支持

　　機會，是每個創意人都在追尋的。應該很少創意人會真正甘於只做美工，只要有機會，有哪個創意人不希望能夠讓自己的創意實現

呢？在團隊裡面，領導者需要製造機會給夥伴，在條件允許的情況下，提供適當的資源給夥伴，讓他們有機會發揮創意。

五、團隊充分瞭解波此

如果夥伴每個人不是相當瞭解彼此的能力和興趣的話，基本上就很難發揮戰鬥力，更別談向心力了。想想，如果每一天在一起腦力激盪的夥伴，彼此都不瞭解對方喜歡的顏色或風格、欣賞的音樂曲風的話，那真的只能談得上是工作的同事。要讓團隊成員能夠彼此瞭解，必須要製造一些非工作的情境讓彼此有機會分享各自內在的想法，例如一起去泡泡溫泉、從事戶外活動等等。

六、團隊即是家人

當然，最棒的是把大家當作一家人，你重視的事情也是我重視的事情。彼此除了談論案子和客戶多機車，或者是聊天打屁之外，把大家當作家人般的關心。因為每個人都是人生父母養的，是個有血有肉有感情的人，並不只是一個賺錢工具。

七、夥伴的家人也是家人

把夥伴的家人也當作是家人，這不僅會讓夥伴更有一種安心感之外，如果不小心要熬夜加班的話，也比較能夠獲得親友的認同。俗話說：「十年修得同船渡，百年修得共枕眠」，一個創意團隊，有時候一起吃飯、一起搭車、一起在工作室過夜，累積下來的緣分應該都超過百年以上吧！這麼難得的條件才能夠聚在一起，更是值得我們好好

用心去經營的。

八、城市創意力

　　創意城市是推動文化經濟、知識經濟的重要關鍵。打造創意城市，能吸引文化創意人才與團體，透過創意產業的興起賦予城市以新的生命力和競爭力，以創意方法解決城市發展的實質問題。可見，以知識經濟為基礎的創意經濟時代即將來臨，而創意城市的建設則是未來城市發展的必然趨勢。

九、創意活力

　　城市活力與生命力重要的概念，就是城市活力是城市天然的力量和泉源。創意是活力的催化劑。活力是創意過程的重心。生命力指的是長期的自足、永續性、適應能力和自我再生。但對一座城市而言，城市活力需要加以集中以形成生命力。在創意經濟時代。可以透過創意過程去開發城市的活力與生命力。創意活力包括活動程度、使用程度、互動程度、溝通程度、再現程度等。包容性對創意城市的意義在於能夠吸引創意人才並能容忍各種奇思妙想，而多樣化的文化交流更有利於創新。這樣的文化氛圍就可以吸引更多的創意人才和公司，產生更多的創新。另一方面任何產業的發展都需要一定規模的市場，對創意產業而言，其受眾已不僅是消費者，他們與生產者的互動不僅引導著創新，甚至也會參與創意的生產。因此具有一定數量和較高水平的受眾也是促進創意城市成長和發展的重要力量。

十、創意環境

　　創意環境指的是一個具有必要先決條件（包括軟體、硬體基礎設施）的地方——不論是幾棟建築物、都市的某一區、整個都市，或是某一區域——而由於這些條件，觀念與發明能夠源源不斷地被創造出來。一般來說，創意環境由硬體設施和軟體設施共同組成。硬體設施是激發城市創意的前提，軟體設施則是城市創意能力的基礎。城市中硬體設施的數量、質量、多樣性和可獲得性知識是創意城市發展的基礎條件。軟體設施如開放的社會政治環境、市民對城市強烈的地方歸屬感以及城市的歷史、組織能力等則是創意城市發展的基本保證。總之，創意環境不僅受到硬體設施的影響，並更多受到軟體設施的約束。

十一、創意能力

　　經濟增長的關鍵不僅在於吸引創意階層的能力，還有將潛在的優勢轉化為以新觀點、高新科技商業為形式的創意經濟的產出和區域增長，這些能力可以稱之為創意能力。透過創意人才的行動和創意的集體過程創造出新的、合適的、有價值的事物的能力，它是競爭優勢的來源，為了對城市的創意能力進行衡量，進而才有創意指數的概念，所謂的創意指數的概念是由四個同等權重因子組成：

1. 創意人才：從事創意產業的人員占全體勞動力的比例。
2. 創新指數：按人均專利權數統計。
3. 高科技指數：包含兩部分，一是份額指標，城市高科技產出量占全國高科技產出量的比例；另一個是區位商指標，城市高科

技經濟占全區經濟的比例與全國高科技經濟占全國經濟的比
例。

所以，創意產業本身就是文化、科技、產業和市場的完美結合，
更重要的是，由於創意產業的發展，人們文化水平大大提高，觀念更
新，創意湧動，使各行各業都有無數的創新出現。

十二、國家創意力

許多國家把國家創意力的開發作為21世紀新經濟中最重要的一
件事，國家創意力是國家競爭力的核心力量，它包含國家發展策略、
國家的立國精神、國民的創意素質、科技教育政策、人才流動與獎勵
政策、學術環境、文化資源、基礎學科、企業創新體系、全民創新
運動、智慧財產保護與開發、金融政策等等。國家創意力的開發是提
高國家在世界競爭中的綜合國力、核心競爭力最持久的措施。從文藝
復興到資訊社會、創意社會，現在強國特別是能夠永遠保持活力的強
國，無一不是「創意領先國家」。

第五節　創意的思維要素

想要真正的創新潛力，除了要有勇於嘗試與創新的勇氣與精神，
還必須要有精心的培育創意思維的能力。創意的思維要素有四：

一、隨時記錄一些創新的想法

每個人每天都會隨時遇到新鮮的事物，儘管這些事物是微不足

道，但也有可能會刺激大腦細胞，這是產生新想法最好的機會。千萬不要忽略這些一閃而過的想法，隨時地，將它記錄下來，可以輕易地捕捉到新的創新性的思想。

二、經常複習自己的想法並與人多交談

多問幾個「為什麼？」，複習自己的想法，可以把問題看得更深，想得更細緻，說不一定還可從中尋找到更多更有用的創意火花。每個人都有很多的想法，但不是每個人都善於表達自己的想法，當不能釋放自己的想法出來時，這不僅無法為人們帶來收益，反而會有負面的影響。所以，說出想法，交給他人去評價、審視，才有機會發現它們真正的實用價值。

三、保持創意的激情

根據科學研究，人類的大腦左右半球有不同的分工，左半腦一般來說擅長於邏輯思維，具有專業性，往往由它解決熟練性問題。而右半腦則是擅長於形象思維，富有探索性，往往由它解決新問題。由此可見，只有左右腦並用，才能更充分合理地激發創新熱情，並尋求到問題的最佳答案。發明家為什麼會成功？因為他們總是想著找出解決問題的更好的方法，這一思維方式決定他們會不停地開發自己的左右腦，不停地提出新方案。

四、把握創造的最佳時間

不同的人在不同的時間有不同的思維能力，找出自己創造力的最佳時間，會有事半功倍的效果。另外，有了創新性的想法，如果不去

努力實踐，再好的想法也會離你而去。愛迪生說：「天才是1%的靈感加上99%的汗水」，就是這個道理。

廣告的創意觀

一個偉大的創意就是一個好廣告所要傳達的東西：一個偉大的創意能改變大眾文化：一個偉大的創意能轉變我們的語言：一個偉大的創意能開創一項事業或挽救一家企業：一個偉大的創意能澈底改變世界。

——喬治‧路易士

第一節　李奧‧貝納的創意觀

李奧‧貝納（Leo Burnett, 1891-1971）出生於美國密西根州聖約翰城，很小就在父親的乾貨店裡打雜，在一家印刷廠當過小工，教過書，後來進入密西根大學學習新聞。獲得學士學位後，在Peorla新聞報當了一年記者。1915年，24歲的李奧‧貝納進入凱迪拉克汽車公司任公司內部刊物編輯。為了深入瞭解廣告，李奧‧貝納每天剪下大大小小的報紙廣告及有關廣告的討論議題，這段日子成了他進入廣告業的轉折點。李奧‧貝納任職的第一家廣告公司是Homer McKee。他在那家公司連續做了十年，任資深創意總監，但此時他還沒有在美國廣告界出名。後來他去了紐約，進入Erwin Wasey公司，被派往芝加哥五年，任創意副總裁。1935年8月，他以5萬美元創辦了李奧‧貝納廣告公司，開始時只有一個客戶，營業額僅為20萬美元。到了1981年名列世界廣告公司第八位，營業額增加到13.36億美元。

一、與生俱來的戲劇性觀念

李奧‧貝納從事廣告工作長達半個多世紀，被譽為美國60年代廣告創意革命的代表人物之一，芝加哥廣告學派的創始人及領袖，著

作有《寫廣告的藝術》。他不但在廣告經營上取得巨大的成就，還在廣告創作上很有建樹。李奧・貝納所代表的芝加哥學派在廣告創意上的特徵是強調「與生俱來的戲劇性」（Inherent Drama）。他說：每件商品，都有戲劇化的一面。我們當務之急，就是要替商品發掘出其特點，然後令商品戲劇化地成為廣告裡的英雄。他倡導好的廣告人要能是一個社會的調查人，從心理學研究人性的人，對人類的興趣、情緒、感情、傾向、愛好和憎惡各方面深入觀察的人。他創作的一些廣告作品被公認為經典之作，沿用長達二十多年。他精心策劃設計的萬寶路香菸廣告，創造了男性香菸的形象，大大地擴展了他的市場，由在美國香菸市場占有率不足10%，發展為世界銷量第一。

「你能不能聽到它們在鍋裡滋滋地響？」這是李奧・貝納為美國肉類研究所芝加哥總部做的「肉」廣告文案中的第一句話。他把這則標題為「肉」的廣告看成他的廣告公司劃時代的重大事件之一。何以如此？因為這則廣告充分地體現了李奧・貝納的創意哲學——尋求「與生俱來的戲劇性」。

這是一幅全版廣告：紅色的背景上，兩塊鮮嫩的豬排占據了畫面的主要部分。畫面上方是由一個詞構成的主題——肉，副標題是「使你吸收所需的蛋白質成為一種樂趣」。正文也簡練：你能不能聽到它們在鍋裡滋滋地響？是那麼好吃，那麼豐富的B1，那麼健康的蛋白質。這類蛋白質對正在長大的孩子會幫助發育。對成年人能再造你的健康。像一切肉的蛋白質一樣，它們都合乎每一種蛋白質所需的標準。

當接到美國肉類研究所的委託時，李奧・貝納想：肉的印象應該是強而有力的，最好是用紅色來表現。但是許多人都說，不能用紅色的肉來表現，因為那是沒有燒熱的肉，它令人厭惡。為此，李奧・貝納做了相當深入的調查，證明了紅色的肉並不會使婦女們不愉快。他說：我想知道，如果你把一塊紅色的肉放在紅色的背景上是個什麼情況，它會消失了呢？還是會有戲劇性？結果棒極了！紅色製造了欲

望。紅色背景把鮮肉襯托得更加鮮嫩，它增加了紅色的概念、活力以及他們想要著力顯示的有關肉的一切其他東西。

李奧・貝納說：這就是與生俱來的戲劇性。他強調，廣告人最重要的任務是把它（戲劇性）發掘出來加以利用，找出關於商品能夠使人們產生興趣的魔力。他聲稱，這種努力代表著芝加哥廣告學派，其基本觀念之一，就是每一商品皆有「與生俱來的戲劇性」。李奧・貝納之所以如此看重「肉」廣告，用他自己的話來說，這是最純粹的與生俱來的戲劇性，這也就是我們努力去尋求的而不會使你太乖僻、太聰明、太幽默，或者使任何事情太怎樣的東西——事情就是這樣自然。

二、真誠、自然、溫情的手法

真誠、自然、溫情，是李奧・貝納挖掘「戲劇性」的主要表現手法，也是以他為代表的芝加哥廣告學派的信條——我們力求更為坦率而不武斷；我們力求熱情而不感情用事。他認為，「受信任」、「使人感到溫暖」的因素，對消費者接受廣告所製造的欲望是重要的。當被問及是否有可以遵守的典範或者特殊方法時，李奧・貝納說：如果真有的話，就是把我自己滲透在商品的知識中。我深信，我應該去面對消費者和廣告主做極有深度的訪問，設法在我的心中把他們是哪一類人構成一幅圖畫——他們怎樣使用這種商品，以及這種商品是什麼——他們雖然不常常告訴你這麼多的話，但要查出實際上啟發他們購買某種東西或者對哪一類事情發生興趣的動機與底蘊。

可見，「受信任」和「使人感到溫暖」的因素，都來自於對商品的信心和深切瞭解，來自於消費者的消費動機與底蘊的深刻把握。功夫下足了，就能發現「與生俱來的戲劇性」，並自然而然地把它表現出來，而不必依靠投機取巧、刻意雕琢、牽強的聯想之類的誇張伎

倆。李奧‧貝納說：我不認為你一定要做得像他們所謂「不合常規」才有趣味。一個真正有趣味的廣告是它自己本身非常難得一見才不落俗套。

三、謹守創意哲學

李奧‧貝納謹守自己的創意哲學，創作出一個個傳世的廣告傑作。除了「萬寶路」香菸廣告成為舉世公認的形象廣告經典之作以外，他為「綠巨人」公司所做的富有傳奇性的罐裝碗豆廣告——「月光下的收成」，也是體現他的創意哲學的一不可多得的範本。在這則廣告中，他拋棄了「新鮮罐裝」之類的濫調，拋棄了「在蔬菜王國中的大顆綠寶石」之類的虛誇之詞，拋棄了碗豆在大地，善意充滿人間之類的炫耀賣弄，而使用了充滿浪漫氣氛的標題——月光下的收成和簡潔而自然的文案——無論日間或夜晚，綠巨人碗豆都在轉瞬間選妥，風味絕佳……從產地至裝罐不超過三小時。如此，自然而簡潔的方式，向消費者傳遞可信和溫馨的訊息，這在罐裝碗豆的廣告中，同樣具有劃時代的意義。李奧‧貝納說得好：「好廣告懸空高掛，不會被撕下。」懸掛在高空的，是廣告人戲劇性地創造出的欲求、夢想和現代商品的神話。

第二節　吉田秀雄的創意觀

吉田秀雄（1904-1963）出生於日本的小倉，其生父名為渡邊勝五郎。秀雄幼年時，他們一家人的生活雖算不上富裕，卻也是不愁衣食的平穩之家。後來，不測的風雲改變了秀雄家平靜的生活，父親因公去世，全家人的生活陷入了窘境之中。小倉市有一富商吉田一次，膝

下無子，他非常同情秀雄的遭遇，並欣賞秀雄的聰明伶俐，產生了收秀雄為養子的念頭。秀雄為了減輕家裡的負擔並能接受高等教育，15歲時作為養子進入吉田家。20歲時吉田秀雄來到東京大學經濟學部商業學科學習。1928年，吉田秀雄從東京大學畢業時，正趕上日本的經濟陷入蕭條時期，經歷許多挫折後，才進入了電通廣告公司。1947年任電通第四任社長。他幾乎獨自一個人把電通推上世界第五大廣告代理商的寶座。1963年1月27日凌晨，吉田秀雄因胃癌去世，享年59歲。

吉田秀雄任電通廣告公司社長之前，主要功績是：擔綱建立了電通的地方部，並取得了顯著的效果；為了營救地方報紙的困難，使廣告主承認地方報紙廣告價格的提高；使報紙廣告價格公定制度化與實行廣告公司的調整，推進了日本廣告交易的現代化。任電通社長之後，吉田秀雄大力蒐羅人才，使電通成為日本廣告業界的領導者。1949年，電通響應「電波應屬國民全體」的輿論，不顧NHK的反對，協助民營電台的創立，吉田秀雄被譽為商業電台的催生者。1953年，當日本電視台營業許可證才批下來，電通就設立了電視部。1955年，吉田秀雄改稱「日本電報通訊社」為「電通股份有限公司」，突出了電通作為廣告業傳家集團的定位。1961年，吉田秀雄被世界廣告協會選為最傑出的人物。東方人獲此殊榮，吉田是第一人。

一、恩威並加的作風

「電通」還獨家斥資每年舉辦廣告電通獎、電通夏季大學、電通學生廣告論文獎，這類舉措從整體上促進了日本廣告水準的提高。為此，市橋立彥曾說：日本的廣告界如無吉田秀雄，必將停滯不前。吉田秀雄是個鋒芒畢露的人，一不稱意，便瞪大眼睛，大聲斥責。他有對組織活動怠慢者則賞他耳光的規定。不過，吉田秀雄當眾破口大罵，總是把被叱者叫到總經理室，讓他隨便挑選皮鞋、手錶、鋼筆或

著西服之類禮物。有時，被叱之後接著便是升遷。於是，便有了「不被吉田秀雄斥責，則前途黯淡」之說。吉田秀雄既鋒芒畢露，又極端害羞；既有罵人的一面，也有關心人的一面。即使曾令其難看的部下也加以照顧，對不得已降調的部下拜託其他上司關照，對臥病者寫信問安。其實，說怪不怪，「恩威並加」不正是儒家文化的大意嗎？

二、廣告鬼才十則觀點

吉田秀雄的廣告信條是：廣告是推銷，是服務，是文化，是人，是藝術又是科學。特別可貴的是，吉田秀雄在20世紀30年代末40年代初，就強調廣告既是科學又是藝術。很顯然，吉田秀雄的廣告哲學是綜合歐美廣告大師思想精華的結果。「綜合就是創造」，日本人奉行這一條造就了21世紀世界經濟的神話。可以說，綜合集大成，綜合集大器。如果說吉田秀雄的廣告信條具有「綜合」色彩的話，那麼，「鬼十則」所體現的，則是吉田秀雄獨一無二的廣告觀。1951年7月，在電通成立51週年紀念日的典禮上，吉田秀雄希望公司全體同仁成為廣告之鬼才。一個月之後，他寫下了「廣告鬼才十則」，分送給全體同仁。其內容如下：

1. 工作必須自動去找來做，不要等候被指派才去做。
2. 工作應該搶先積極去做，而不應該消極被動。
3. 積極從事大的工作，小的工作只有使你的眼界狹小。
4. 目標應該放在困難的工作上，完成了困難的工作才能有所進步。
5. 一旦從事工作，絕不可放棄，不達目的死不罷休。
6. 爭取主動，因為主動與被動之間，經過長久的考驗，會有迥然不同的結果。

7. 要訂立計畫，唯有長期計畫才能產生忍耐與功夫，才能生出努力與希望。

8. 信任自己吧！如果不相信自己，工作時必定不會有壓力，難於堅持不懈，也不會穩重。

9. 應該讓頭腦時刻轉動，注意四面八方，不容許有一線空隙，這就是服務。

10. 不要怕摩擦，摩擦才是進步之因、推動之力，否則你將會變得懦弱無能。

　　鬼十則的核心思想是「以人為本」，吉田秀雄強調：廣告的作用，是由人的頭腦、才能等組合而成的，在電通，那銷售的商品就是人。也就是說，我們本身就是商品，坐在廣告主面前的電通人就是電通的商品。鬼十則充盈著東方的人本主義哲學精神，與西方廣告大師注重操作層面的廣告哲學大異其趣。鬼十則的靈魂是要造就有健全人格的廣告人才。這種人才，必須具備主動出擊、自信自強、堅忍不拔的精神。吉田秀雄要求部屬信奉廣告為天職，在廣告之中感到人生樂趣，在電通的城池裡有誓死而戰的氣概與才能。 這其實也就是吉田秀雄精神與人格的化身。一言以蔽之——把整個人生押在廣告事業上。

　　吉田秀雄說：具有健全人格的廣告人才，還必須有長遠的眼光和敏銳的洞察力，即要「訂立計畫」、「讓頭腦時刻轉動」、「不容許有一線空隙」。這是一條從大處著眼，小處著手的法則。「鬼十則」造就的人才，是能仰觀宇宙之大，俯察品類之盛的人才。這可從「電通」由「日本的電通」到「世界的電通」得到佐證。鬼十則作為電通的精神支柱，起著承上啓下的作用。吉田秀雄逝世以後，電通新落成的十五層大廈裡面，幾乎每一間房間都懸掛著「鬼十則」的匾額。到了80年代，第七任社長田丸又祭起鬼十則這個法寶，來啓動電通的21世紀戰略，足見吉田秀雄影響之深遠。難怪人們稱他為「死後還上班

的男人」。

第三節　威廉‧伯恩巴克的創意觀

　　威廉‧伯恩巴克（William Bernbach, 1911-1982）畢業於紐約大學英國文學系，曾專為社會名流起草演講稿，其優美的文筆頗獲好評，後進入廣告公司，曾在格雷（Grey）廣告公司任創意總監。1949年，他與道爾（N. Doyle）及戴恩（M. Dane）創辦Doyle Dane Bernbach廣告公司（又稱DDB，即恒美廣告公司），任總經理。1976年，接任董事長，後又任執行主席。DDB廣告公司是著名的世界十大廣告公司之一。

一、說服的藝術觀點

　　伯恩巴克是國際廣告界公認的第一流的廣告大師。他被譽為20世紀60年代美國廣告「創意革命」時期的三位代表人物和旗手之一（另兩位是大衛‧奧格威和李奧‧貝納）。他倡導精美巧妙、具有說服力和創意的廣告文學，主張在創意的表現上光是求新求變、與眾不同並不夠。傑出的廣告既不是誇大，也不是虛飾，而是要竭盡你的智慧使廣告訊息單純化、清晰化、戲劇化，使它在消費者腦海裡留下深刻而難以抹滅的記憶，廣告最難的就是將廣告訊息排除眾多紛染的事物而被消費者認知感受。你的廣告必須製造足夠的噪音才會被注意，但這些噪音絕非無的放矢、毫無意義的。

　　伯恩巴克沒有著意著書立說，他的創意觀點大多散見於訪談紀錄、講演以及給公司內部員工的便條、備忘錄和書信中，他的創意觀不僅對DDB公司的廣告風格產生了重大的影響，而形成了一種頗具代

表性的廣告流派。伯恩巴克強調廣告是「說服的藝術」。他說：規則正是藝術家所突破的東西，值得記憶的事物從來不是從方程式來的，並不是你的廣告說什麼感動觀眾，而是你用什麼方法去說，忘卻與永存的區別是藝術技巧。美國著名的廣告史學家S.福克斯曾評價伯恩巴克說：在一定程度上可以說，他是自己時代中最有創造力的廣告人。他對60年代創意革命的貢獻可以說比任何人都要多。奧格威則稱他是「創近代廣告的六位巨人之一」，並在其《奧格威談廣告》一書中，特別尊稱伯恩巴克是有智慧的紳士，原因是伯恩巴克具有崇高的職業尊重和道德勇氣，在他主持公司二十三年時間裡，沒有接受任何一家菸草公司為客戶，始終拒絕龐大的廣告費誘惑，堅持不做香菸廣告。

二、勿相信廣告是科學之說

當廣告人在回答「什麼是廣告」以及「怎樣做廣告」的問題時，他就在有意無意構築自己的創意哲學了。不同的回答，構成不同的創意哲學，形成不同的創作流派。大而言之，有科學派（或稱唯理派）、策略派和藝術派（或稱唯情派）、表現派之分，還有介於兩者之間的混血兒說和冰山說。伯恩巴克，被視為藝術派的旗幟。藝術派創意哲學，它的理論軸心始終指向消費者的心理及其情感思維，強調追求對心靈的衝擊與震撼，從而引起注意、產生共鳴，最終導致行為的轉變——購買廣告商品或服務。它的格言是：「怎麼說」比「說什麼」更重要。藝術派對直覺思維、創造力加倍推崇。在伯恩巴克看來，廣告的最偉大工具就是創造力（creativity）。他認為：所謂市場調查、選擇媒體以及廣告公司中的一切其他活動，都不過是最後執行（說服藝術）的前奏而已。適當地運用創造力，一定會導致更經濟地達成更大的銷售。適當地運用創造力，能夠使一個廣告抵過十個廣告用。適當地運用創造力，能夠使你的說詞脫穎而出，使其能夠被接

受、被相信、有說服力、促成購買。

　　藝術派創意哲學，它的溝通著眼點主要在心靈的衝擊、共鳴、認同。作為DDB公司的主創人，伯恩巴克創作了大量的經典廣告，他為紐約奧爾巴克百貨公司創作的「慷慨的舊貨換新」、「我尋出了驚人的底細」；為福斯汽車公司創作的「想一想還是小的好」、「檸檬」、「送葬車隊」；為艾維斯（Avis）租車公司所創作的「艾維斯在租車業只是第二位，那為何要與我們同行」的老二主義，艾維斯的宣傳等經典廣告，都是他ROI理論的實戰體現。

　　德國福斯汽車公司的福斯金龜車（外形像甲殼蟲，被叫作甲殼蟲車），進入美國市場十年仍被消費者冷落。除了這種車馬力小、簡單、低檔、外型古怪之外，還有一個難以排解的政治心理障礙──他曾被希特勒作為納粹時代的輝煌象徵之一而大肆鼓吹。當伯恩巴克在1959年接下福斯金龜車的廣告時，同行驚訝不已。經過深入考察，伯恩巴克認為，這是一種實惠的車子──結構簡單而實用，質檢嚴格而性能可靠。不過，這些銷售說詞並不是他們的獨特發現，先前也有人「說」過，但消費者卻視而不見、充耳不聞，就是無動於衷。1960年伯恩巴克為福斯金龜車創作了第一則廣告，廣告標題是「想一想還是小的好」，人們說，這些廣告就像金龜車一樣古怪，但促銷之力強也強得古怪。廣告各具特色，共同之處是正話反說。

　　其中，尤以「送葬車隊」的廣告極盡幽默、荒誕之能事，它以遺囑為創意題材，廣告畫面是豪華的送葬車隊，解說詞是：迎面駛來的是一個豪華型車送葬車隊，每輛車的乘客都是以下遺囑的受益人。遺囑者的旁白是：我，麥克斯偉爾·E.斯內弗列，趁健在清醒時發布以下遺囑：給我那花錢如流水的妻子留下100美元和一本日曆；我的兒子羅德內和維克多把我的每一枚5分幣都花在時髦車和放蕩女人身上，我給他們留下50美元的5分幣；我的生意合夥人朱爾斯的座右銘是：「花！花！花！」，我什麼也「不給！不給！不給！」；我的其他朋

友和親屬從未理解1美元的價值，我留給他們每人1美元；最後是我的侄子哈羅德，他常說「省一分錢等於賺一分錢」，還說麥克斯叔叔，買一輛福斯車肯定很值得。我呀，把所有的1,000億美元財產留給他。這種反其道而行的「缺點定位」的廣告創意策略，巧妙地化劣勢爲優勢，它在不否定大型豪華轎車是好車的同時，以相反的角度確定福斯金龜車的獨特優勢。小汽車的優勢恰恰是大型豪華轎車的劣勢，以己之長攻彼之短。這種創意策略正好擊中美國中產階級以下消費群體的消費需求心理，取得了極好的效果。

做這樣的廣告，無論廣告人或廣告主，都絕對要有大的膽識和魄力。同樣的內容，別人說來無效，而伯恩巴克說來則石破天驚。深入人性的深處去，側耳傾聽消費者的心聲，始終值得及人們心靈深處的種種情感。奧格威說：就算我活到100歲，我也寫不出像福斯金龜車的那種策劃方案，我非常羨慕他，我認爲他給廣告開闢了新的門徑。伯恩巴克的創意哲學，無疑是美國廣告界60年代掀起的創意革命的思想源泉之一。

再看看伯恩巴克爲艾維斯租車公司創作的廣告，廣告標題是：艾維斯在租車業只是第二位，那爲何要與我們同行？這是美國歷史上第一個將自己置於領先者之下的廣告。廣告，不一定都要稱自己是「最」、「第一」、「首創」。競爭中，有時放棄第一，更能喚回廣闊的天地。在企業的資本和規模都不可能達到第一時，艾維斯租車公司面對老大赫斯租車公司的壓力，爲了避免正面競爭，主動放棄第一的包袱，選擇獨特的視角，對廣告訊息進行充分新表達，結果收到了意想不到的效果。人們雖然折服於赫斯的規模和實力，但人們更理解艾維斯的苦心，更願意在服務中被視作上賓。

三、伯恩巴克的創意宣言

身為美國廣告歷史轉折點上的思想動力之一，藝術派創意哲學包含著對過分追求科學精確性的懷疑、批判精神。然而，伯恩巴克的創意哲學並不起自60年代，早在1947年5月15日，當他還是格雷廣告公司的創作總監時，就給公司老闆寫了一封信。這封信，鮮明而集中地闡述了他的廣告創意觀及經營哲學，可以看成是它的創意宣言。

親愛的老闆們：

我們的廣告公司在不斷擴張，這當然值得高興。但從另一個角度看，我又為此感到擔心。真的，我很擔心！

我擔心我們的公司只追求擴張，而不是追求盡善盡美，我擔心我們只注重「表面化」的廣告技巧，而忽略創作「平實」、「言之有物」的廣告，從此，大家故步自封，不再創造新的歷史，我更擔心有朝一日，我們的「創作動脈」，會逐漸硬化。

廣告行業出現了太多的廣告技術員，可憐的是，他們太注重規則，太遵循「過於絕對」的遊戲規則。他們會告訴你，文字廣告若採用真實人物照片，可以吸引更多讀者，他們會告訴你，一句話應該多長多短，他們會告訴你，把廣告做得段落分明，一目了然，他們不厭其煩地叫你標榜商品事實。他們以為異己是廣告科學家。但最不幸的是，廣告本來就是勸說，而勸說剛巧不能成為純科學，它是一種藝術。

我們的「創作火花」讓我欣賞我們的廣告公司，我們也因此更怕有朝一日失去創作之火。我們需要廣告學學者，不需要廣告科學家。不需要亦步亦趨、照章辦事的人。我們只需要能出人意表、令人振奮的廣告人。

幾十年來，我接見過大約80個撰稿員和美術家。他們大多數來自大廣告公司。但讓人失望的是，他們之中只有少數人具有創意能力。無可否認，他們有足夠的廣告經驗，也有足夠的廣告技巧，但在廣告技巧的背後，你看到的是一派平淡無奇，一派心力憔悴的模樣，一團陳詞濫調的創意，他們可能對答如流，依照規則去評判廣告，就像一位虔誠的教徒，只迷戀宗教的儀式和教條，卻忘了神諭的真諦和精神。

以上一番話，並不表示廣告技巧不重要，卓越的廣告技巧當然能使廣告人更進步，但危險的是，廣告人誤以為技巧比創造精神更重要，廣告公司把僱佣諳熟廣告技術的人當成萬靈丹。以上做法，只會使我們不能脫穎而出，永遠跟在別人抱殘守缺的廣告經營路線後面走。要做得更好，就一定要建立獨特的自我個性，建立自己的一套廣告哲學，不要遵循別人的哲學來做事。

讓我們另闢新路，向世人證明；獨特的品味、卓越的藝術、非凡的撰稿手法，才是促銷的好工具。

威廉・伯恩巴克
1947年5月15日

　　這封信鮮明地回答了「廣告是什麼」這一根本話題；扼要地闡述了藝術創造精神與廣告技術的本來關係，強調了「創作火花」的重要意義；提出了廣告公司的經營之道在於不斷創新，提供創造性服務，而不是在於表面的規模；廣告公司的用人之道，應是吸納、造就具有創造精神的廣告人，而不是亦步亦趨只會照章辦事的廣告技術員。尤為可貴的是，伯恩巴克敏銳地洞察到：建立自我個性和自己的一套廣告哲學，是廣告公司的生存、發展大計。信雖短，卻涵蓋了伯恩巴克廣告哲學的全部精華。他日後的言論發展，但基本精神卻沒有變化。信是寫給格雷公司老闆們的，但可以毫不誇張地說，這也是對整個廣告界的宣言。

　　伯恩巴克在信中懷疑、批判追求科學精確性的廣告時尚，而高調藝術創造的旗幟，並非心血來潮的一時衝動，更不是為了標新立異而故意「逆反」。這源自他的人生經歷和廣告創作的體驗，是深思熟慮的肺腑之言，也是伯恩巴特創意哲學的最基本主張。

第四節　詹姆斯・揚的創意觀

　　詹姆斯・詹姆斯・揚（James Webb Young, 1886-1973）出生於美國肯塔基州，父親是保險經紀人。12歲時即輟學加入Western Methodist Book Concern（WMBC）工作，21歲時成為廣告經理。1912年，26歲的詹姆斯・揚作為文字撰稿人加入了智威湯遜廣告公司（JWT）辛辛那堤辦事處，並於次年成為辦事處的總經理。1916年，他成為智威湯遜的副總裁，並於次年升任高級副總裁，主要負責智威湯遜西部分公司。1927年，他帶領一批員工一起成立了智威湯遜位於歐洲各地的辦事處。1928年退休，但仍出任智威湯遜的總監及顧問直至1964年。1931年後他在芝加哥大學商學院任教，是該學院廣告和商業史的教

授，直至1939年。1973年3月6日逝世。1974年，即他去世一年後，獲得美國廣告聯盟（American Advertising Federation）授予的廣告殿堂榮譽獎（Advertising Hall of Fame）這一廣告界最高榮譽。

詹姆斯·揚一生中近五十年時間從事廣告工作，主要是在智威湯遜廣告公司擔任創作總監、主管及高級顧問。儘管他還任職過政府的大眾傳播顧問和大學教師，種植過蘋果和做過推銷工作，但他最投入和引以爲榮的是廣告業。正如J.克里奇頓所說的：詹姆斯·揚本質上是一位廣告人。廣告大師伯恩巴克將詹姆斯·揚視爲自己的廣告偶像，他高度評價詹姆斯·揚對廣告業創意研究的貢獻，稱他是一位思想通透的思想家、一位點到即止的溝通大師，文章簡而精，每每以三言兩語就說出了事物的脈絡和精髓。另一位廣告大師奧格威在其著作《奧格威談廣告》中，也盛讚詹姆斯·揚的廣告文案功力到家，是當年智威湯遜廣告公司創意部的「鎮山之寶」，是廣告史上一位不可多得的文案大師。

與其他幾位廣告大師相比，詹姆斯·揚對廣告的貢獻不但在於「做」（從事廣告），而且重視「寫」和「說」。他更從哲學的高度來探討和解剖廣告現象，寫了十幾部廣告著作並致力於廣告專業教育。其中最重要的著作有兩部：一本是《生產創意的方法》（*A Technique for Producing Ideas*, 1960），此書雖然短小（只有幾十頁），卻流傳甚廣，受到包括伯恩巴克在內的許多廣告人的讚譽，伯恩巴克甚至爲此書作序，寫道：這本小冊子表達了比其他廣告教科書都更有價值的東西。另一本是《如何成爲廣告人》（*How to Become an Advertising Man*, 1963），是詹姆斯·揚半個世紀廣告生涯的心血結晶，作者在書中闡述了他獨有的廣告觀、廣告創意哲學、廣告人的使命感以及如何成爲成功的廣告人等，共十三章，範圍廣泛、視野宏大。此外，《廣告人日記》（*The Diary of an Ad Man*, 1990）是他去世後出版的一部重要著作。

在廣告史上，詹姆斯‧揚扮演了廣告人和教師的雙重角色，他將豐富的廣告實踐搬上大學講台，爲培養廣告人孜孜不倦地演講和寫書。他對廣告事業充滿使命感，他傑出的廣告思想和影響巨大的廣告著作，使他無愧於廣告大師的稱號。

一、創意就是魔島浮現

詹姆斯‧揚將創意的產生或孕育比喻爲「魔島浮現」，在古代航海的時代，水手傳說中靈光乍現、令人捉摸不定的魔島，恰似廣告人的創意一般。魔島其實是在海中長年知識累積，悄然浮出海面的珊瑚形成的。詹姆斯‧揚強調，創意並非一刹那的靈光乍現，而是如同魔島的形成，靠廣告人頭腦中各種的知識和閱歷累積而成，是透過眼睛看不見的一連串自我心理過程所製造出來的。魔島看似突然出現，創意似乎偶然跳出，卻絕非從天而降，一日之功。詹姆斯‧揚創意哲學的特點在於把創意看成心理過程，而不是片斷的心理狀態。「過程」是一個有深刻內涵的概念。他是自然、社會、思維、運動在時間上的延續性和空間上的廣闊性，是矛盾存在和發展的形式。從「過程」認識事物，要求認識事物的來龍去脈，把握事物的發展規律。廣告創意，作爲一種複雜的思維過程，他啓端於自覺的、有意識的思考，即搜索、接受和重組必要的訊息，提出各種可能的方案；隨之有一個孕育階段，即在意識或潛意識中進一步思索和醞釀各種訊息重新組合的可能性；最後，通常都於受到某種因素的啓發，以靈感的方式突然出現，瞬間完成整個思維過程及產生創意。詹姆斯‧揚的創意「過程論」，較爲科學地闡述這一規律。他把創意過程分爲五個階段，即：(1)收集原始資料；(2)用心智去仔細檢查這些資料；(3)深思熟慮，讓許多重要的事物在有意義的心智之外去作綜合；(4)實際產生創意；(5)發展、評估創意，使之能夠實踐應用。在五個階段中靈感激發創意只是

其中一個階段。在靈感來臨之前，人們已為產生創意選用邏輯的、直覺的思維方式做了許多工作。沒有這些工作，符合既定廣告策略的創意就不可能產生。

詹姆斯‧揚的信條就是：生產創意，如同生產福特汽車那麼肯定，人的心智也遵照一個作業方面的技術，這個作業技術是能夠學得並受控制的。他的方法是：博聞強記，努力的收集資料；分析重組各種相互關係；深入地觀察體驗人們的欲求、希望、品味、癖好、渴望及其風俗與禁忌，從哲學、人類學、社會學、心理學以及經濟學的高度去理解人生；透過研究實際的案例來領會創意的要旨。詹姆斯‧揚相信規律、法則，相信經過訓練的心智能敏銳迅速地產生判斷相關性的能力，這與把創造力看成自然的恩賜的觀點是截然相反的。只有樹立這種觀念，廣告教育培訓才有可能。

詹姆斯‧揚雖然重視調查、統計、分析等「可測」的因素，但是他更加重視對「品質」因素的把握。因此，他特別關注在統計上完全相同的對象之間的差距，強調取得心理學、社會學意義上的「地圖」，遠較僅僅取得地理學意義上的地圖重要。他說，假如你想要知道居住在太平洋沿岸人群的生活習慣，澈底地研究《夕輝》雜誌，可能比市場調研所得告訴你的資料來得快速與豐碩。

二、創意五部曲

「五部曲」的第一步，就是為心智收集原始材料。詹姆斯‧揚把這種資料分為特定的資料和一般的資料兩類。特定的資料指那些與創意密切相關的產品、服務、消費者及競爭者的方面的資料。一般的資料指各門學問及諸如從埃及人的葬禮習俗到現代藝術和生活的每一個層面。這裡，詹姆斯‧揚說的其實是創意的源泉問題。創意的過程，實質上是對已有的各種因素進行的新的綜合過程。不把握各種因素

（原始資料），就成了無緣之水，無本之木。在一潭死水裡、一枝枯木上，怎麼能結出幸福的靈感果實來呢？深入生活，是獲得創意源泉的真諦。蒐集原始資料，是一項必須持之以恆的繁瑣事項，但廣告大師們卻樂此不疲。有的使用索引卡片，有的用記事本或剪貼簿來進行識別涓流而成大海的工作。辛勤採集，必有報償。詹姆斯・揚曾在資料簿上簡單記錄「為什麼每一個人都希望第一個孩子是男孩？」，五年之後，這成為他最成功的廣告及標題之一。

生活就像萬花筒。詹姆斯・揚認為：廣告的構成，是在我們的萬花筒世界中所構成的新花樣。萬花筒中的玻璃片越多，構成新花樣的或然率就越高。我們在創意的第一步中，為心智的萬花筒聚起豐富多彩的玻璃片，第二步當然就是毫不猶豫地旋轉萬花筒，讓多彩的玻璃片碰撞出絢麗的思想火花。

詹姆斯・揚強調在心智上養成尋求事實之間關係的習慣，成為生產創意中最為重要的事。這也是創意第二部能否走好的關鍵。旋轉萬花筒，實際上就是尋求這種事實之間的相互關係。如果能在看似無關的事實之間，發現他們的相關性並把他們進行新的組合，高妙的創意就在其中了。

尋求相關性的方法是多種多樣的，史學大師翦伯贊先生曾說：個別看來沒有什麼意義的：就綜合看起來沒有什麼意義的：就分析來看沒什麼意義的，同樣，表現相關性的方法也豐富多彩，諸如聯想、譬喻、比興、對比、襯托、暗示等都是常用的方法。當你不斷地拆開來看、合起來看，橫著看、豎著看，看來看去，就會進入「橫看成嶺側成峰」的境界，多多少少都會產生一些創意。詹姆斯・揚告誡我們：第一，所得的創意無論如何荒誕不經或殘缺不全，都要把它們記下來，形成文字有助於推進創意；第二，不要過早的產生厭倦，至少要追求內心活力的第二波，**繼續努力去得到更多的想法**，把它們都記在小卡片上。當你感到絕望，心中一片混亂，讓人看起來魂不守舍時，

就意味著創意的第二部已經完成，可以進入第三步了。

第三步要做的，就是完全放鬆，放棄問題，轉向任何能刺激你想像力及情愫的事情，去聽音樂、看電影、打球、讀詩或者看偵探小說，也可以像大衛・奧格威那樣讀十五分鐘《牛津名言大字典》。如果把創意的第一步比作收集食物，第二部就是咀嚼，第三部就是消化。你就聽其自然，讓胃液刺激其流動吧！

第四步，詹姆斯・揚把它稱作「寒冷清晨最後的曙光」。它的特徵是突發性──絞盡腦汁，身心俱疲，只好把問題放入潛意識之後頓悟、靈感、直覺。因為來得突然，第四步的過程難以具體描繪。正如一位哲學家所描述的，它就像一棵高居山頂的橡樹，每個人都可以看到，又很難摸得著。

找到了創意，並不意味著萬事大吉。這僅僅是「曙光」，人們期盼的事如日中天般的輝煌，而不僅僅是微弱的曙光。詹姆斯・揚說，當你把創意這個新生兒拿到現實世界中的時候，常常會發現它並不像你初生時那樣奇妙，還要做許多耐心的工作，以使大多數的創意能夠適合實際情況。這時，必須走第五步──把新生的創意交給有深思遠慮的評者審閱。當你這樣做時，就會發現，好的創意具有自我擴大的本領。它會刺激那些看過它的人們對其加以增補，把你所忽略而有價值的部分顯露出來的可能性。這個步驟為世界上許多廣告公司所認同，有的還採用「動腦小組」的形式，來進行群體的創意。

第五節　大衛・奧格威的創意觀

大衛・奧格威（David Ogilvy, 1911-1999）出生於英國薩里郡（Surrey）的一個小村子，先後受教於愛丁堡（Edinburgh）費提茲（Fettes）寄宿學校及牛津大學基督教會學院。然而他沒有畢業，而是

像他後來所說「被掃地出門」。他稱這段經歷是我一生中一次眞正的失敗……。我本來可以成爲牛津的第一顆明星，但是卻因爲屢次考試不及格而被轟出了校門。之後，奧格威轉到巴黎，在皇家酒店廚房工作。回到英國之後，奧格威受僱於Aga廚具公司，成爲一名推銷員。後來參加他哥哥辦的馬瑟—克勞瑟廣告公司，任業務經理。期間曾去美國學習廣告一年。1938年，奧格威移民美國，受聘蓋洛普民意調查公司，在其後的三年中輾轉世界各地爲好萊塢進行調查。第二次世界大戰期間，在英國情報機關任職，1948年，奧格威與一位他1941年相識的會計師安德森・休伊特（Anderson Hewitt）創辦Hewitt, Ogilvy, Benson & Mather廣告公司，即奧美廣告公司（Ogilvy & Mather）的前身。憑藉獨創的理念、敏銳的洞察力、勤謹的作風，公司一步步走向壯大，成爲全球著名的跨國廣告公司，其在國際廣告界的盛譽，只有極少數人才能達到。

　　奧格威1963年出版《一個廣告人的自白》，是一本對世界廣告界頗具影響的著作。書中總結了他從事廣告多年的經驗，成爲當時最爲暢銷的廣告著作。他還發表了《奧格威談廣告》。奧格威十分強調廣告人應遵循基本法則或原則，並將他自己的基本法則稱之爲「神燈」，喻之能滿足一切欲求之物。奧格威曾經說過：我對什麼事物都能構成好的文案構想，幾乎全部從調查研究得來而非個人的主見。在漫長的廣告一生中，他努力和最新的市場調查保持同步。他的言行，折射出一種執著實證的科學精神。奧格威在全球廣告界負有盛名，他被列爲20世紀60年代美國廣告「創意革命」的三大旗手之一，最偉大的廣告撰稿人。他主張的「品牌形象」（brand image）理論影響很大，使樹立品牌形象成爲廣告界的一種時尚和策略流派。1975年，奧格威從公司董事長職位退休，但他的品牌形象理論和廣告主張，仍然強烈地影響著全球廣告界。

一、神燈說

　　每當奧美廣告公司有新人加盟，上班的第一天，就被召集到會議室去領略奧格威的「神燈」。神燈的魔力，源自五個主要方面調查匯集起來的數據和訊息，即：(1)郵購公司的廣告經驗；(2)百貨商店的廣告技巧；(3)蓋洛普等調查公司對廣告效果的調查；(4)對電視廣告的調查；(5)應用別人的智慧成果。在五個方面的訊息中，用不了多少天，就可以從訂購回單的多寡立判高低。五個方面訊息的融會、綜合，使奧格威的神燈放射出九十六條光芒——創作好廣告的九十六條法則。也許正因為他奉獻了這麼多「教條」，才被稱為美國廣告的「教皇」。無論別人怎樣看待這些法則，奧格威則自信地宣稱：我得到了一個相當好而清楚的創意哲學，它大部分得自（市場）調查。

　　在漫長的廣告生涯中，奧格威努力和最新的市場調查保持同步。例如，蓋洛普的調查認為，電視廣告一開始就要賣商品，而不要用與商品不相干的手法。奧格威照著做了。而十年後的情況不同了，調查表明電視廣告開始時有一個與商品不相干的小手法，很能抓住人們的注意力。他就照著改過來了。

二、應用別人的智慧成果

　　「我慣於用別人的智慧成果」，這是奧格威的自白，也是他的廣告神燈魔力源泉的第五個方面。其實，神燈的前四個方面，也大多是別人的智慧成果。奧格威之所以把應用別人的智慧成果提出來與前面四個方面並列，是因為這一個訊息來源較不科學。換句話說，前者是來自科學研究的實證訊息，充滿著濃厚的科學精神，而後者則更多地屬於先輩和競爭者的藝術說法，具有鮮明的人文色彩。承認慣於用別

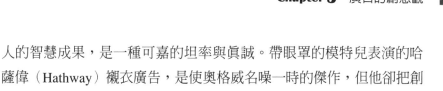

人的智慧成果，是一種可嘉的坦率與真誠。帶眼罩的模特兒表演的哈薩偉（Hathway）襯衣廣告，是使奧格威名噪一時的傑作，但他卻把創意的方法源頭，歸之於從魯道夫那裡學到的「故事訴求法」一劑強烈得會使讀者停步動心的靈丹妙藥。

　　海納百川，有容乃大。凡集大成者都是慣於吸收、應用別人的智慧成果。站在巨人的肩膀上，比別人看得遠。奧格威說：我應用我的先輩和競爭者的智力活動的成果是最有效的。探究他應用別人的智慧成果，大致有這樣一些「招式」：

　　其一，直接應用。譬如關於電視廣告片的開頭要不要使用與商品不相干的銷售法這個問題，他就直接應用蓋洛普的調查結論。十年前的結論是否定的，他就照著做了；十年後的情況變化了，結論成為肯定的，他就改過來。

　　其二，傾聽同事的意見。他寫好一個文案給別人去改編之前，要寫多至十九篇文稿。他給勞斯萊斯汽車廣告寫了二十六個不同的標題，請了六位他公司裡撰文人員審評，再從其中選出最好的一個。這就是那舉世聞名的標題——「在時速60英里時，新勞斯萊斯汽車的噪音發自車上的電子鐘」。他又寫了大約3,500字的文案，找了三、四位撰文人員推敲，把枯燥無趣及含糊的部分刪掉，把它縮短到719字。

　　其三，借鑑別人的意見，啟動自己的思維。奧格威說，魯道夫那具有魔力般的故事訴求法，對他的公司製作的廣告有深刻的影響。當他被聘策劃哈薩偉牌襯衣全國性廣告活動方案時，決心創造一套比箭牌襯衣所創作的經典之作更好的廣告。於是，他挖空心思，想了十八種方法來把魔力滲進廣告裡去。第十八種就是給模特兒戴上一只眼罩。最初，他們否定了這個方案而贊成另外一個被認為是更好一些的想法。在去攝影棚的路上，奧格威走進一家藥店花一塊半買了一只眼罩。隨著廣告活動的展開，這個戴眼罩的模特兒在各種不同的場合出現，指揮樂團、繪畫、擊劍、開拖拉機、駕駛遊艇、購買雷諾瓦的

畫等。這使哈薩偉襯衣在默默無聞一百一十六年之後，一下子走紅起來。

其四，綜合別人的智慧成果，融會貫通，獨樹一格。奧格威對科學派的鼻祖霍普金斯及其信徒雷斯，藝術派的旗幟伯恩巴克，對具有印象派風格的喬治・葛里賓（George Cribbin）等廣告世界裡的巨人，都進行了深入研究，由綜合而創造，提出了「品牌形象」的廣告創意策略理論，成為構建「形象時代」的一代宗師。綜合，不是簡單相加，更不是模仿抄襲，奧格威提醒人們，還沒有什麼人由於盜用了別人的廣告而樹立起一個品牌的。模仿可能是「最真誠不過的抄襲形式」，但也是一個品德低劣的人的標誌。

三、為自己的客戶流血

奧格威宣稱：我是唯一為自己的客戶流了血的文案撰稿人。他為「林索清潔劑」所做的一則廣告，內容是向家庭主婦傳授清除汙漬的方法。廣告照片上表現了幾種不同的汙漬，例如：口紅的、咖啡的和血漬。為使血漬表現得逼真，他竟然用了自己的鮮血！血，意味著真誠。真誠，是奧格威創意哲學的靈魂。

首先，對消費者真誠。「消費者不是低能兒，他們是你的妻女」，奧格威對他的新僱員說，你不會對你的妻子說謊話，也不要對我的太太說謊，己所不欲，勿施於人。當我們關上門來寫廣告時的心境總是這樣的：我總是假設我在一個餐會上坐在一位女士身旁，而她要求我告訴她應該買哪種商品，她在什麼地方才能買到它，所以我就把要對她說的話寫下來。我給她種種事實。如果可能，我就設法使它們是趣味的、具吸引力的，並有親切感的。我不以群體為對象來寫，而以單數第二人稱來從事寫作，從一個人到第二個人。

其次，對商品、對廣告主真誠。除非你是真正地信服它（商

品），否則你是不能說服別人的。毫無誠意及只是爲了生活而寫作，都寫不出好的文案來。你一定要深信所寫廣告的商品，這雖然看起來很平凡，但事實上卻是千眞萬確。爲廣告流血，爲一個文案寫十九個草稿、三十七個標題，我所做的就是把我的東西寫出來，然後就改編、改編、再改編，一直改編到合理地通過。這既是對廣告主的眞誠，更是對廣告事業的眞誠，一種令人肅然起敬的敬業精神。

眞誠，不僅是奧格威的廣告創作原則，而且是他的人生態度。讀著他的著作、談話，你會覺得他就像個玻璃人，他的長處和弱點、喜樂和痛苦，一覽無遺地展現在你的眼前。重視實證研究的科學精神，海納百川般的集大成胸襟，眞誠的創作態度和人生態度，構成奧格威「神燈」的內涵，這正是他創意哲學的精髓所在。創作好廣告的九十六條法則，雖時過境遷，有些也許已不合時宜，但神燈的內涵必將放射永遠的光芒。

第六節　羅塞・雷斯的創意觀

世界廣告大師羅塞・雷斯（Rosser Reeves, 1901-1984）於20世紀出生於美國維吉尼亞州，在維吉尼亞大學畢業後，最初擔任報社記者，1934年到紐約任廣告公司文案人員，1940年進入達彼思廣告公司，1955年成爲該公司董事長。雷斯創立的廣告哲學和原則，使這間小型公司翻身成爲世界最大的廣告公司之一（在美國曾排名第四）。

世界廣告大師雷斯第一本也是最重要的著作是《實效廣告——USP》（*Reality in Advertising*）一書，該書於1960年完成，作爲公司的培訓教材，1961年正式出版發行，立即成爲暢銷書。他在該書中尖銳地批評廣告缺乏理論基礎，只處於隨意性很大的經驗狀態，力主廣告必須向伽利略那樣去「創造世界」。國內廣告名人、聯廣公司

總經理賴東明曾指出：若說這本書是雷斯花了10億美元寫下的，也不爲過。因爲數十年來，經手的廣告費數以億計，這期間他做過許多調查，也做過許多成功和錯誤的決策，從而得到了這本書的一些原則，這些原則稱得上是價值連城。雷斯提出的USP理論對廣告界產生了巨大的、經久不衰的影響。在廣告創意的諸流派中，他是傑出的科學派旗手之一。

世界廣告大師雷斯的一生富有傳奇性，除了廣告人，他還是詩人、短篇小說家，他的棋藝高超，曾率領美國代表團赴莫斯科對奕，他還是現代藝術收藏家、優秀的遊艇選手和飛行員。使他聲名大噪的一件事，是他成功幫助艾森豪威爾競選總統成功，這也開創了廣告公司推動總統競選的先例。雷斯是獲得傑出的廣告文案家（The New York Copywriters Hall of Fame）榮譽的五位廣告人之一，被近代廣告界公認爲廣告大師。

一、實效的創意哲學

「實效」不等於「有效」。只要廣告訊息被人們看到或聽到了，就可判斷爲有效。但是，只有最終吸引人們來購買廣告商品，才算有實效。創意成功與否，實效是判斷的基礎。因此，怎樣創作實效廣告及怎樣評估實效的有無和大小，就成了雷斯創意哲學的核心問題。與其對應的概念是事實、數據、原則、法則；其使用的方法是測試、審核、調查；其採用的工具是統計、圖表、數字；其制定的標準是量化的標示，諸如「廣告滲透率」、「吸引使用率」等。這就是雷斯所說的廣告遠向專業化的內涵。專業化，就是強調科學原則。雷斯的信條是：廣告需要原則，而不是個人意見。這與藝術派的創意哲學截然不同，伯恩巴克曾經那樣激烈地批判原則，批判調查，排斥廣告科學家。他的法寶是靈感和創造力。靈感，以個體的大腦爲載體，是一種

無法明確表達的訊息，並且隨著個體生命終結而消亡。原則，卻是從無數事實中提煉、概括出的人類智慧結晶，是一種明確的並且可以永存和共享的客觀知識。廣告原則的提煉和累積，是人類廣告活動進步的實現，也是發展廣告教育，造就後輩廣告人才的必然要求。

否定原則，就會倒向隨意性。雷斯認為，用原創性包裝著的隨意性，是廣告中最危險的字眼。原創性是廣告界不斷追尋的一種虛無飄渺的東西。那些盲目的追求者也不知道那是不是他們真正要追求的。雷斯強調，原創性也創作過成功的廣告，但它對好廣告的破壞性往往高於它的建設性。它以廣告評獎為最典型的例證。一個由五十二家大廣告公司創意主管組成的評委會，挑選出三個最差的電視廣告，但其中兩個恰恰是長期成功地播映、實效極高的廣告片。這兩個最差的廣告片中有一個是雷斯的達彼思廣告公司製作的「行動牌漂白劑」廣告。這個廣告片成功地將新商品導入市場，在八個月內就搶奪了競爭對手60%的市場，成為第一品牌。雷斯給評委們看尼爾森指數、普及率圖表、市場資料。但那些執迷於原創性而不悟的人仍堅持原則會破壞廣告創意。為這種離開科學原則、僅憑個人意見的隨意評論，雷斯毫不客氣地斥之為一錢不值的一堆垃圾。

世界廣告大師雷斯堅信科學的原則，但他不是「原則」的偏執狂，不像那些「感覺」偏執狂那樣不講道理。無論從他提供的個案或者統計結果，都表明了這一點。其實，如果要講感覺的話，以雷斯的記者、詩人、作家、運動家的成就和資歷，他遠比那些高喊原創性而又不知原創性為何物的假內行高明百倍。只不過他是從感覺中過來的人，深知感覺之味，因而能恰到好處的把握原則和感覺二者關係的「度」。原則和感覺，本是一枚硬幣不同的兩面，為什麼要把他們截然分開呢？雷斯在《實效廣告——USP》一書中的第二十一章指出，當你必須面臨二者必居其一的時候，最好的目標還是把感覺融入訴求進去，在數字上2＋2＝4，可是在意義中，它可以達到6、8，甚至10。

二、丟砲彈的時候到了

20世紀50年代，當雷斯舉起科學的廣告大旗之時，雖然不像伽利略那般面對煉獄，但處境也相當嚴峻。當時的廣告界，有太多的廣告人和廣告主排斥法則，認爲廣告創意被廣告法則限制住，比廣告不能創造利潤還嚴重。就像雷斯形容的那樣，大部分廣告人好像是魔術師，他們相信鬼魅、聽魔鼓、哼著咒語。這些人不僅哼著「原創性」這個令人眩惑的符咒，製作大量沒有實效的廣告，像吸血鬼般榨取廣告主數以億計的美元，而且還不講理的祭起「原創性」這根魔杖，去扼殺成功的實效廣告。

面對廣告界這股主觀隨意性的狂潮，雷斯沒有隨波逐流，而是挺身而出，高聲疾呼：「丟砲彈的時候到了！」，是指伽利略從斜塔上丟鐵彈的實驗。雷斯身體力行，向當時的廣告界丟下了幾枚沉重的砲彈：他們從美國的西岸到東岸，在二百七十五個不同的地點，定時地對幾千人進行測試。在測量、計算及觀察的事實中，發現了許多驚人的結果。他們研究了美國最大的七十八家商品廣告的成就。一些頗自豪的公司從這些研究資料中也許會發現，他們多年付出的廣告費用與他們實際的回收是不成正比的。但是，雷斯並沒有公布這些廣告主的名字，不然，一些自以爲是的廣告「才子」就會因爲浪費廣告主的金錢而被逮住，並將面臨抗議和控訴的風波。

以雷斯的標準來衡量雷斯，他獲得傑出的廣告文案家的稱號和金鑰匙，也是當之無愧的。他依據自己的USP理論，創造了廣告史上實效的奇蹟。他的一篇文案〈喧鬧的安乃近〉，廣告主毫不猶豫地花了8,400美元去傳播，他們的收款機也因此發出歡快跳盪的回響。他的達彼思廣告公司二十五年只丟失了一個客戶，是因爲他能創造實效。這些客戶都是一些世界上最大、最精明的公司。更重要的還在於他的

USP理論不僅使美國的50年代成爲廣告史上的USP至上時代，而且這些價值連城的科學原則，直到當代還產生著巨大的作用，仍然被廣告界的有識之士視爲廣告策略中的寶。只要粗略地掃描一下台灣的廣告空間，就可以發現，日本家用電器進軍台灣市場時，它的多數廣告所使的都是USP之策略招數，就連稱爲軟性商品的牙膏、洗髮精、洗衣粉的廣告策略，也還是雷斯抽出的USP之劍。而由雷斯本人創作的「M&M牛奶巧克力，只溶你口，不溶你手」的廣告，幾十年之後進入台灣，除了廣告模特兒換成了台灣女孩之外，其廣告訴求和標題可謂原封未動。

雷斯感於力挽狂瀾的反潮流精神，兢兢業業追求科學進步的敬業精神，爲廣告科學殿堂樹立堅實支柱的輝煌業績，使它成爲令人敬仰的廣告巨人。「丟砲彈的時候到了！」這是一句廣告人的聲音，台灣廣告界有必要細心傾聽。雷斯的「實效」原則，作爲評價廣告的準則，雖然具有基礎的意義，但不具有唯一的意義。

創意的理論

- 魔島理論
- 變通理論
- 求新理論
- 組合理論

在這個公司，你不犯錯誤就會被解僱。

——時代華納公司已故總裁史帝芬·羅斯

第一節　魔島理論

　　創意的產生，有時候就像魔島一樣，在人的腦海中悄然浮現，神秘不可捉摸，創意跟魔島一樣，在人類的潛意識中，也需要經歷無數的孕育努力和培養，才能最終獲得。魔島理論來自於古代水手的傳說。據說，在古代航海時代，當船隻駛入一片汪洋大海時，水中會突然冒出一片環狀的海島；還有更神奇的是，水手在入睡前，海上還是一片汪洋，第二天一覺醒來，卻發現周圍出現了一座小島，水手們將之稱為「魔島」。魔島現象說明了創意產生的過程。在實踐中，不少創意都是經過長年累月地沉澱後，忽然間浮現眼前，「靈感」乍現。

【舉例】

　　1905年8月的一天，天氣炎熱。奧利·埃文魯德興致頗高，一大早划船帶著一位女子到密西根湖的小島上野餐。中午時分，炎炎烈日下，女子有些熱得受不了。埃文魯德很體貼人，急忙划著小船去岸邊買冰淇淋。這座小島距離湖岸4公里，路途不算近，所以，埃文魯德奮力地划船來回時，冰淇淋已經融化了。他十分不好意思，女子卻笑笑地說：「沒什麼，要是小船划得再快些就好了。」對啊，埃文魯德心裡一動，船划快了冰淇淋自然不會融化，可是，要怎樣才能做到這一

點呢？依靠臂力划船，速度不會提高太快，他忽然想到既然汽車可以用發動機，為什麼不能使用發動機代替雙槳呢？

　　於是，埃文魯德投入到自己的研製工作中，不久，竟然製成了一種能掛在船尾的馬達，這種馬達一端深入水下，一端連著螺旋槳，可以左右轉動，很容易控制行向，所以，一經推出後，效果極佳，很受歡迎。埃文魯德從融化的冰淇淋中受到啟發，發明了「不用划」的船，這體現出創意來源中的魔島理論。

　　靈感一來，創意誕生，這是魔島理論的基本特色。著名廣告家詹姆斯‧揚曾經指出，創意的產生或孕育就是「魔島浮現」。在他個人創意生涯中，多次實踐著這一理論。靈感怎麼會突然而至呢？這往往是長期思索的結果。愛因斯坦在做白日夢，夢見自己以一道光在太空旅行，結果提出了相對論。我們常常說「浮想聯翩」，這是很多奇妙思想的起始點。動用自己的感官帶來知覺，這種本能會產生很多奇特的效果。要想捕捉靈感，尋求創意，也有一定的規律可循。不少人發現在大腦放鬆時，會進入最適宜的創造階段。於是，他們會聽一些輕鬆的音樂，或者散步，讓潛意識發揮作用，進而等待創意出現。

　　當然，魔島理論並非所有創意的來源方式，很多時候它只是適用於「聰明的創意」，也就是我們通常說的「發明」、「改良」等創意，並不適用這一理論，它們另有來源。人的大腦具有超強的組織運算能力，但其中的素材卻並非是先天就有的，想要思維保持創意的活力，就要不斷地為其添加新材料。所以，創意人要養成觀察生活、分析事物和勤於思考的習慣，要善於從看似平常的生活現象中發現新素材，以獲得新知識、新動力，才能夠源源不絕地產生新創意。

第二節　變通理論

所謂變通理論，是指根據情況靈活變換研究的角度，變通理論認為，創意有時候只是概念一轉，只要換一種方法去理解，換一個角度去觀察，換一個環境去適應，一個新的創意就產生了。創意有時候只是用不同的眼光看一個舊東西，只是視角改變了，東西就成了新的。我們的日常生活中充滿了這一類改變觀念的創意。另外，改變用途可以創造更多新的可能和發現。

【舉例】

小李和小王是要好的朋友，有一次，小李由於沒有完成任務，遭到公司經理嚴厲批評。小李十分生氣，對小王說：「我要離開那家公司。我恨那家公司！」

小王聽了，建議道：「我舉雙手贊成你報復！破公司一定要給它點顏色看看。不過你現在離開，還不是最好的時機。」

小李不解，問：「為什麼？」

小王說：「如果你現在走，公司的損失並不大，你應該趁著在公司的機會，拚命去為自己建拉一些客戶，成為公司獨當一面的人物，然後帶著這些客戶突然離開公司，公司才會受到重大損失。」

小李正在氣頭上，覺得小王說的很有道理，於是他接受了這個建議，開始努力工作。事遂所願，半年多的努力工作後，他有了許多忠實客戶，業績節節攀升。

　　有一天，小李又遇見了小王，小王問小李：「現在是時機了，要跳槽趕快行動喔！」沒想到，小李淡然笑道：「老闆跟我長談過，準備升我做總經理特助，我暫時沒有離開的打算了。」

　　因此，想法變了，問題自然也會轉變。這是創意的來源之一，屬於變通理論中的觀念改變。創意有時候只是用不同的眼光看一個東西，只是視角改變了，東西就成了新的。

　　有時僅僅是認知上的改變，就可以產生力量無窮的創意。香港有線電視（TVB）的老闆邱復生先生說：「電視節目製作公司的責任不過是提供節目，但是，不一定要自己生產節目才能提供。」為此，他曾經專門做錄影帶租賃店的招租工作。當公司簽約的店達到一千多家的時候，邱復生先生發現絕大部分錄影帶的用戶都與他的公司有某種程度的關係。邱復生說：「我發現我不是一個錄影帶節目的供應商，我是一個沒有頻道的電視台。」

　　除了觀念改變外，變通理論還有一種表現形式就是改變用途。改變用途可以創造更多新的可能和發現，我們的日常生活中充滿了這一類的創意，比如黏東西時，手邊如果沒有漿糊，我們就會順手拿一粒米飯抹上去；吃飯的時候，如果鍋碗瓢盆太燙，一時找不到墊木，很自然拿一疊廢紙充數……。諸如此類的創意隨處可見，隨時解決我們遇到的任何問題。

　　在創意生活中，改變用途更是常見的方法。一般來說，改變用途可以分為改變人的用途、改變物的用途、改變知識的用途三類。比如，鞋子雖然不能用來做裝酒的容器，但是我們可以把杯子做成鞋子形狀的裝酒器。

第三節　求新理論

　　求新理論指的是每個問題都有很多答案，如何創造性地解決問題，就必須開闢新的道路、尋找新的突破點、發現新的聯繫。有所好的發明者、革新者、創造者，對於新知識都有永不滿足的愛好，永不停下所求的腳步，才會走出自我的狹小空間。而我們掌握的知識總是有限的，創意中所面臨的問題往往又是前所未有的，所以，要將熟悉知道的事物原理，知識和經驗運用到心得領域中，從而變陌生為熟悉，進而順利找到解決問題的方法。

【舉例】

　　在維也納廣場，有一座產科醫生塞麥爾維斯先生的雕像，他被人們稱作「母親們的救星」。關於這段故事，說起來感人至深。

　　塞麥爾維斯生活在19世紀中期，當時人們還沒有發現細菌，更不知道致病菌是怎麼回事。在這種情況下，醫生們無法正確認識產婦們生下孩子後為何會得產褥熱，更不知道怎麼去預防治療。有一段時間，塞麥爾維斯負責的病房裡有206位產婦，因為產褥熱死了36人，而且其他產婦也有不少人出現了患病症狀。塞麥爾維斯十分焦急，帶領著助手們竭盡全力予以救治，然而沒有任何效果。這讓他覺得非常對不起病人，不停地自責，認為這是自己的責任。

　　前來實習的助手們不以為然，說：「我們已經盡了最大努力，用了所有方法，怎麼能怨我們呢？看來這是她們的命運如此吧！」塞麥

爾維斯斬釘截鐵地否定了助手的話，說道：「這不能歸咎於命運，應該有辦法解決這一難題。」

從此，他開始著手進行調查研究，尋求預防治療產褥熱的新方法。皇天不負苦心人，他發現了很多奇怪的現象，比如當醫學院學生不來醫院實習時，產褥熱發病率會降低；有些產婦在就醫途中分娩，進醫院後不需要醫生檢查時，也往往不會得產褥熱。難道產褥熱與醫生有關？

這一全新的想法使塞麥爾維斯非常震驚，恰在此時，他的一位好友在解剖產褥熱患者屍體時，不幸割破自己的手指，也患上類似產褥熱的病症，不治而亡。從這一事件中，塞麥爾維斯領悟到更深刻的啟發，他進一步堅定了產褥熱是某種毒物傳染的結果。於是在產科病房中施行消毒措施，果然取得了神奇的效果，產褥熱死亡率大大下降。後來，巴斯德發現了細菌，證實了塞麥爾維斯的正確。

塞麥爾維斯從全新的角度觀察、考慮問題，進而得到全新的、有用的答案。這是創意中求新理論的作用。求新理論，指的是每個問題都有很多答案，如何創造性地解決問題，就必須開闢新的道路，尋找新的突破點、發現新的關聯。

求新，需要走出自己的領域。美國教育家尼爾‧普斯特曼（Neil Postman）在《教學：作為一種起破壞作用的活動》中說：「孩子可能進入學校時像問號，但離開像句號。」說明了知識對於創新的約束力。一位優秀的發明者、革新者不能侷限於已有的知識，而要對新知識有永不滿足的追求和愛好，才會走出自我的狹小空間。創造的目的性告訴我們，發明家的創造，就是為了首創前所未有的事物，既包括各種有形物品，也包括各種方法、手段等。透過這些新事物，可以改

善、提高人類改造自然的能力，生活得更加美好。所以，創造必須打破原有模式，從新的角度入手。

我們以廣告創意為例，看看求新理論從哪些方面入手進行創新發明？廣告創意中求新理論有兩方面內容：一是語言求新，在廣告中語言是意義的載體，也是概念的載體，意義重大。一則廣告如果沒有創新的語言，很難實現目的；而一則流傳廣泛影響深遠的廣告，往往靠其深入人心的語言魅力。二是感覺求新，人類的感知能力強烈，除了語言之外，其他符號，例如顏色、線條、聲音都可能是創意的來源。日本人就非常懂得感性創造。1984年，有家名叫「羅曼蒂克」的公司推出一種心型巧克力，這種巧克力的特點在於打開後，裡面寫著一些感人的話，像「請允許我熱吻一次」、「你讓我的人生充滿意義」等，這些別緻的創新贏得消費者喜愛。

第四節　組合理論

組合理論是把一組獨立的、互不相干的功能組合在一起，如功能的組合、形態的組合、零件的組合等等。元素的組合源於自然科學原理，自然科學中的元素既是構成物質的最小單位，透過對這些成分的層層分解和擇優重構，也可以成為一種創造新事物的途徑，相對於組合理論而言，組合理論更是具有原創性。一個新想法往往是老的要素的新組合，嘗試各式各樣的組合，這樣既簡單又有效，是很多發明創造的解決方法。簡單地說，組合就是兩者合而為一，比如合金，將兩種金屬組合後是什麼樣子？不僅物品可以組合，方法、技巧、建議都可以組合。

【舉例】

　　有位先生，經過多年奮鬥，終於事業有成，卻陷入一種莫名其妙的空虛之中，日子久了他不得不去看心理醫生，以求解脫。

　　心理醫生聽完他的傾訴，為他開了一個處方，對他說：「你明天獨自去海邊，除了我的藥方，什麼都不要帶。分別在上午九點、十二點、下午三點、五點各服用一帖藥，你的病情一定會好轉。」

　　他聽了醫生的話，第二天果然來到了廣而無際的大海邊。九點鐘，他打開了第一帖藥，卻驚奇地發現裡面什麼都沒有，紙上寫著兩個字「聆聽」。他想，看來醫生是讓我照此行事，於是坐下來聆聽風聲、浪聲。多年來，他從沒有如此靜心地聆聽過，他感覺自己的身心就像被洗滌一般，頃刻間輕鬆明澈起來。十二點，他打開第二個處方，上面寫著「回憶」兩字。於是腦海中浮現出從小以來的種種狀況，既有少年時的天真無邪，也有青年時的艱苦創業，一幕幕場景讓他感覺到了各種親情、友情，在他內心深處不由得重新燃燒起生命的熱情。

　　到下午三點鐘，他打開了第三個處方，上面也有兩個字「反省」。這兩個字同樣讓他浮想聯翩，他想到只顧賺錢，失去了工作的樂趣：他想到為了自身的利益，曾經對很多人做出了傷害……。這讓他心情激動，情感起伏，久久難以平靜。黃昏時分，打開最後一個處方的時間到了，他看到上面有一行字：把「煩惱」寫在沙灘上。他明白了，果真在沙灘上寫下「煩惱」兩個字，這時，一道海浪沖過，瞬間沖沒了他的「煩惱」，只留下一片平坦。

　　眼見此情此景，這位先生的心情頓時好轉，心病一掃而光。

　　四帖看似毫不關聯的藥方，治好了中年人的心病，這體現出創意來源理論中的組合理論。組合理論簡單的說就是兩者合而爲一，進而出現新的事物。事實上，絕大多數新事物都是舊元素的新組合，這種組合往往既簡單又有效，是發明創造中解決問題的好方法。

　　將兩個已經被人熟知的觀念或者產品，合併在一起的時候就可能成爲全新的觀念、產品，進行組合創造，大致分爲兩種類型：

一、將相關的東西進行重新組合

　　這種類型與兩種完全沒有關係的事物組合類型相反，進行組合的事物往往具有相關性。比如雜誌書就是一個典型的創造，日本人注意到雜誌出版發行的時效性短，而書籍保留的時間長，於是將兩者結合，發明了雜誌書。這個新發明即能滿足書的完整性、長久性，又能保證雜誌的時尙性，可謂一舉兩得。

二、將兩種完全沒有關係的事物組合

　　兩種完全沒有關係的事物組合在一起，形成一種全新的、有用的新事物，電子筆和音樂賀卡就是這種組合的典型代表。手錶和筆本是毫不相關的兩件物品，將它們組合在一起後，成爲嶄新的電子筆；音樂與賀卡看起來也沒有什麼關聯，可是組合後變成了音樂賀卡。這兩種產品都是台灣的發明，曾經爲台灣創造大量外匯。

傳播媒體的創意

- 廣告創意的概念
- 廣告創意的原理
- 行銷創意
- 公共關係創意
- 電影動畫創意
- 網路媒體創意

21世紀，資本的時代已經過去，創意的時代已經到來。

——托夫勒

第一節　廣告創意的概念

廣而告知＋創而有意＝廣告創意

威廉·伯恩巴克說：「一個廣告如果沒有創意就不稱其為廣告，只有創意才能賦予廣告以精神和生命力。」因此，「廣告的靈魂是創意」，廣告離不開創意，這是眾所周知的。廣告創意就是以消費者心理為基礎，透過一系列創造性思維活動，表達一定的廣告目的，促使消費者購買行為，並且廣告創意要透過大眾傳播媒體才可以進行，採用簡潔明瞭的詞語、方便實用的傳播媒體，將有利於創意實現。那什麼是廣告創意的概念？

一、廣告創意的廣度

什麼是廣告創意的概念？簡單來說，就是「對廣告的創意發展系統，有完整的瞭解並且能夠全盤掌握」。但這有些困難，因為，創意強調的是「單點訴求」，不能太複雜或太囉嗦，要抓住重點單刀直入，才能發揮傳播的功效。但是廣告創意的概念卻是必須透過全盤考量以及面面俱到，所以，廣告創意第一個切入的重點是「角度問題」，第二個則是要考量整體的「廣度問題」。所謂的廣度問題就是要符合行銷傳播的「溝通原則」，也就是在正確的地方或時間，對正確的人，傳達正確的訊息。

1.正確的人：是經過分析後，鎖定的目標消費群。

2.正確的訊息：是與競爭品牌區隔後，做最有力的商品賣點。

3.正確的地方或時間：是與目標消費者息息相關的媒體種類。

二、廣告創意的策略、概念、執行

有很多人可能會誤認為「策略」就是「策劃」，其實這是兩回事。策略是指透過分析及推論的概念，策劃是指計畫及安排之意。因此，策略又可分為市場營銷策略、品牌策略、廣告策略等。而廣告策略是在既有的品牌或產品的定位下，透過對當下市場競爭環境以及目標消費者的洞察，進行推論出一個能夠打動目標消費者的概念過程。

我們以Snickers為案例，這是美國瑪氏食品公司所推出的巧克力棒，是全球最流行的巧克力棒。它的產品定位是「解餓」，那麼廣告公司會透過訪談小組去研究目標人群，在他們餓的時間，會遇到什麼樣的問題，而我們的產品Snickers要如何才能夠發揮自己的角色「解餓」來解決他們的這些問題。

經過研究發現，有很多人說自己餓的時候就渾身發軟、脾氣不好，或者是說好像變成了另一個人似的等等。這是一個大家普遍認同的，而且沒有其他品牌提過的說法。所以結合產品，總結成一句關鍵訊息就是「Snickers能讓餓的人變回自己」。這樣的推論就是Snickers的廣告策略，當然還會有很多的市場分析、競爭者分析、消費者分析等等，這些內容也都是由策略來完成的。而他們的廣告創意的概念就是「當你餓的時候，你就不是你自己」，這個概念符合Snickers解餓的產品定位，也符合目標消費者的insight，同時也延續了策略的關鍵訊息——能夠讓飢餓的人變回自己。

有了策略、概念之後，接下來最重要的事，就是「創意」的工作了，廣告創意是廣告中最重要也是最有趣的部分，在既定的概念

下，針對不同的媒體，創造出能夠吸引並且影響消費者的創意廣告。例如：在電視廣告上，透過戲劇性的幽默方式，表現一個人因為飢餓了，變成了李先生、變成了鋼鐵人、變成了妖怪等等，然後吃一口Snickers，他又變回了自己。在網路上，也可以展開相關活動，比如，「拯救飢餓，兄弟有責」，為你身邊的飢餓兄弟買Snickers，讓他們變回自己。所以，這些需要「想」的工作都是創意，可以想出很多很多奇奇怪怪的創意，然後選出最有戲劇性以及最能夠表達創意的概念。

最後，就是執行，執行就是要把創意從想法的階段變成實現的階段，包含把廣告的腳本拍攝成電視廣告，把平面創意做成最終的平面作品，把網路活動做成活動平台等等。這些去「做」的工作就是執行。總而言之，簡單的來說就是如圖六所示。

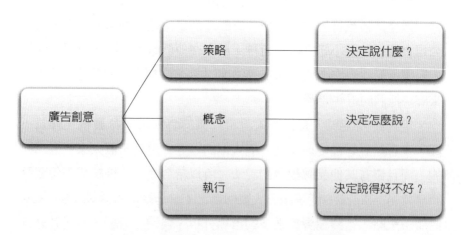

圖六　廣告創意的策略、概念、執行關係圖

第二節　廣告創意的原理

創意又不同於創造，文化是它的命脈，科技是它的手段，商業是它的形式；同時，它又積極反哺於文化、科技與商業。最後，創意也有別於構思，它並非天馬行空、率性而爲的藝術家，也不是長夜清談、苦思冥想的思想者。它的核心是造物，人不過是生產思想的工匠。也許廣告人、設計師才是明天創世紀的主角。

一、要如何理解廣告創意

美國廣告界權威人士詹姆斯·揚在《產生創意的方法》中指出：「一個創意只是一些老材料的新組合。」其中包含三個層面：一是創意不外乎是舊的元素重新組合；二是舊的元素形成新的組合，依賴於觀察事物之間關係的能力；三是思維慣性的搜索事物與事物之間的關係，是產生創意最重要的關鍵，這種思維習慣是可以培養的。他進一步認爲：「廣告創意是一種組合商品、消費者以及人性的種種事項。」又說：「眞正的廣告創作，眼光應放在人性方面，從商品、消費者以及人性的組合去發展思路。」

(一)從品牌策略的廣告創意

當前廣告界較流行的看法是創意與品牌策略有緊密的相關性。創意有大小，而策略有對錯。策略正確，創意的增量越大，品牌的跳躍能量就越高；策略錯誤，創意的增量越小，品牌受到的傷害也越大；當然，有策略而無創意，品牌的跳躍也無法實現。因此，創意是

品牌跳躍最珍貴的基因，應使創意和策略處於良好的互動狀態，使之實現在廣告運作的各個環節中。從策略上理解廣告創意，其含義相當廣泛，有廣告策略目標、廣告主題、廣告表現、廣告媒介，小至廣告語言、廣告色彩，都可以用有無創意和創意優劣來評價。當然，任何一次成功的廣告運作、任何一個成功的廣告環節、任何一件成功的廣告作品，都必然是創造性思維活動的結果，以創意的優劣加以評論是言之有理的。這種界定，極大地擴展了廣告創意的外延，但由於對廣告創意本身缺乏明確的界定，所以有可能是人們對其本質容易產生誤解。

此外，創意必須服從於廣告策略，必須實現廣告主題，必須與市場策略緊密聯繫和互動，這是完全正確的。但給廣告創意下定義，卻沒有抓住廣告創意最本質的方面。那些透過單調重複進行灌輸，或將廣告主題簡單的文字化、圖像化的廣告作品，即便服從於廣告策略的要求，往往還是會引起消費者的反感乃至唾棄。

(二)從藝術創作的廣告創意

從廣告活動的藝術來看，廣告創意就是利用藝術形象來吸引影響消費者。創意本身就是藝術創作的主要內容，塑造廣告藝術形象是其主要任務。廣告創意不同於一般的廣告計畫或宣傳，它是一種創造性的思維活動，它必須創造適合廣告主題的意境，必須構思表達廣告主題的藝術形象。枯燥無味的說明、空洞的口號，在某種程度上也算「廣而告知」的作品，但十有八九要失敗，因為它們無法讓消費動心。廣告創意應該為廣告作品賦予強大的藝術感染力，以此有震撼感、衝擊消費者的心靈，喚起消費者的價值感和購買欲望。

當然，廣告創意與一般的文字藝術創作有根本性的區別，它首先受市場環境和廣告策略的制約，它只能表現和廣告對象相關的主

題，而不能像一般文藝創作那樣，全憑作家、藝術家個人的生活體驗和審美趣味去決定和表現主題。那些醉心於藝術表現和玩文字技巧的廣告作品，包含廣告主所要傳達的訊息甚少，即使有也往往會誤導消費者，或者使人們的注意力過於集中於藝術欣賞，而忽略了其廣告訊息。廣告創意所構思、塑造的是廣告藝術形象，所追求的是以最經濟、最簡練的形式和手法，最鮮明、最直接的宣傳企業和產品，積極有效地溝通和影響消費者。在廣告創意中，創作者個人的情懷和藝術風格應該退居於次要地位。

(三)訊息傳播的廣告創意

從訊息傳播的角度來看，人際傳播是一種低效的訊息傳播方式，主要借助口口相傳的方式傳播訊息，所以訊息發出方發出的訊息需要經過漫長的路徑才能到達接收方，同時人際傳播容易受到噪音的影響，並且傳播路徑越長，這種干擾越強烈，導致接收方接收到的訊息往往是殘缺的，從而形成自上而下的訊息。大眾傳播是一種高效的訊息傳播方式，它透過大眾媒介，將訊息以一對多的方式快速傳播出去，同時訊息接收方可以透過反饋機制將意見返還給發出方，從而在一定程度上消除噪音的影響，達到訊息傳播與接受的平衡。

對於訊息傳播，廣告創意有自己的野心，它試圖透過創意的編碼，實現訊息傳播的擴大化。首先，創意就是將訊源進行藝術化編碼的過程，讓訊息穿上華麗的外衣，來吸引消費者的注意，從一個醜小鴨變成一位有魅力的佳麗；其次，創意還要在訊息傳播渠道上下功夫，來強化消費者記憶，是坐花轎、還是開凱迪拉克，是一大早就出門、還是姍姍來遲。媒體、時間也都是創意需要考慮的因素。最後，話題也很重要，保持消費者濃厚的興趣，是促進銷售的重要環節，一個沒有故事的情節，終究不會成為人們熱衷的話題，在「創意為王」

的時代裡，這樣的傳奇每天都在發生。從廣告創意傳播模型中我們還可以看到，訊息接收方與發出方是不斷轉換的，因此，訊息在傳播過程中是不斷增值的，並且可以透過反饋與訊息發出方建立起新的關係，這也與當前人們「搜尋」、「分享」的訊息交流方式有關。因此，就訊息傳播方式而言，廣告創意的目的是爲了優化傳播內容，放大傳播效果，避免傳播噪音，擴大傳播渠道。

二、廣告創意的基本原理

簡單而言，廣告創意是創造力在廣告過程中的實現；嚴格來說，廣告創意是實現廣告目標，創造廣告符號，完成訊息傳播的創造性思維活動，屬於一種心理現象。廣告創意既不是天馬行空的靈感與直覺，也有別於嚴格的邏輯性思維，它是在嚴格的紀律規範下經過深思熟慮，而借以一種特殊的技巧，加以實現的思維表現方式。

(一)全力表現廣告主題

在廣告策略中要選擇、確定廣告主題，但廣告主題僅僅是一種思想或概念，如何把廣告主題表現出來，怎樣表現得更加準確、更富有感染力，這就是廣告創意的宗旨。有了很好的廣告主題，但沒有表現廣告主題的好創意，廣告就很難爲人注目，很難引人入勝。廣告創意與廣告主題有不可分割的密切關係，但兩者又有差異。兩者都是創造性的思維活動，但廣告主題是選擇、確定廣告中心思想或要說明的基本觀念，而廣告創意則是把核心思想或基本觀念透過一定的藝術構思表現出來。廣告創意的前提是必須先有廣告主題，沒有預先明確的廣告主題，就談不上廣告創意的開展。

廣告創意是對具有針對性的廣告訊息的一種整合處理。創意的目

的是為了有利於廣告訊息的傳達，透過創造性方式使訊息得以強化，更加易於目標消費者接受。從這個意義上講，任何一個廣告創意，一旦它喪失了確定的訊息價值，也就喪失了創意的價值。有些廣告人在創意中追求離奇古怪，其結果是迷失了創意的根本，使之變成一種自我滿足的隨意擴張。廣告創意還必須在廣告策略指導下進行。任何一個具體的創意都包含著廣告運作的策略方式，如果脫離了策略指導，創意也必然陷入茫然無序之中。因此，一個好的創意，往往可以看到其中廣告策略的影子。

(二)美的原則來塑造形象

一般而言，簡單化、通俗化的構思也能表現廣告主題，但卻算不上是廣告創意，或只能說是低劣的創意。廣告創意，就是要創造出與消費者有效溝通的形象和意境，使廣告內容與廣告形式達到完美的統一，去感染閱聽人和引發共鳴。因此，「美」是廣告創意的重要特徵。首先，我們可以利用藝術美的元素，如詩歌、音樂、繪畫、雕塑等形式，來豐富廣告的內容。其次，我們可以利用形式美的法則，如對立、統一、重複、對稱、均衡、韻律、節奏等規律來提升廣告的品質。最後，我們還可以利用道德美的原則，如善良、關愛、奉獻、互助等行為，來深化廣告的境界。對這些正面藝術形象的創造和傳播是廣告創意的首要任務，缺乏美的構思根本談不上優秀的廣告創意。

(三)廣告製作來實現

廣告製作是把創意構思出來的表現主題的形象、意境等，透過藝術的手段表現出來的方法。廣告製作是廣告內容與形式的有機組合，是廣告創意的具體表現。也就是說，廣告創意是一種創造性的思維活

動，是對廣告主題形象化、藝術化的思考；而廣告製作則是把創意思考成果具體化、物質化，直至最終完成廣告作品的加工過程。沒有廣告創意就談不上廣告製作，而廣告創意則需要透過廣告製作來具體表現。隨著現代製作技術的發展，製作技術本身變得越來越複雜，其對製作水平的要求也變得越來越高。因此，創意必須積極關注廣告製作的過程。同時，由於現代製作技術蘊藏著創意的水平，實現著創意的特質，因此，有些廣告的製作過程本身就是廣告整體創意活動的一個部分 ，或者說廣告的整體創意活動需要透過製作過程來表現，如體驗式廣告、互動式廣告等。

(四)與消費者進行有效溝通

廣告創意在對廣告訊息的整合與包裝時，必須要有明確的溝通意識。也就是說它所傳達出的訊息必須直接單純，能夠方便地為對象所接受。如果一個創意不符合消費者的心理，或者是其訊息處理方式對消費者來說難以理解，以至於造成某種障礙，那麼這個創意就無法達到有效溝通，甚至會引起負作用。溝通本身也是創意，廣告創意其實不僅僅包括廣告作品的創意，還包括廣告傳播媒介的創意，一則成功的廣告，在媒體的創意是不容忽視的，如果我們現在常見的環境媒體類廣告，就是利用特殊的媒介來實現創意的。同時，在媒介的選擇與組合上也存在著創意的因子。廣告創意是一種技能，需要才氣和靈感，但更需要知識和經驗。透過對市場的洞察、對產品的認識、對競爭對手的瞭解以及對既定策略的了然於心之後，經過一段時間的深思熟慮和不斷激發，最終的創意可能突然而至、不期而遇。正因為創意有這樣的特徵，所以在強調其個人直覺時，必須重視創意的理性基礎。任何創意都不是閉門造車，不是苦思冥想，而是有意識地對既定目標的表達和追求。許多有經驗的創意人員，在創意過程中，往往擬

定一個創意綱要，以此來規範自己的創意行為，這實際上就是對創意的一種理性化指導。

三、優秀廣告的特徵

　　當我們說這是一個有創意的廣告時，意味著這個廣告表現了與眾不同的新意，有不同尋常的想像力。那麼它與某個優秀的藝術作品有什麼不同呢？不同點就在於廣告作品是為了廣告主所設定的溝通目標服務的，它總是與所宣傳的某個產品、服務有著內在的關聯。通常廣告主總是透過具體的廣告創意，向其目標受眾傳遞某種問題的解決之道，或者某種特別的生活方式。成功的廣告都有獨特的性格，配合目標對象的願望、幻想、需求和態度，使消費者產生強烈的好感和吸引力。

　　美國天才廣告創意人喬治・路易斯（George Lois）對偉大的創意有這樣一番描述：一個偉大的創意就是好廣告所要傳達的東西；一個偉大的創意能改變我們的語言；一個偉大的創意能開創一項事業或挽救一家企業；一個偉大的創意能澈底地改變世界。

　　就像人有個性和共性一樣，廣告創意也有個性和共性。孤獨地看待一則優秀的廣告，我們很難概括出其所具有的特徵，但是如果把成千上萬的有效廣告作為整體來研究，透過歸納和比較，則可以看到其所具有的某些共同規律。

(一)主題單純

　　所謂單純，是指創意完全圍繞著一個主題展開，不容些許枝蔓，一面造成干擾。構思越單純，主題就越清晰，越容易給人留下深刻的印象。當然，單純並不等於淺薄、庸俗，而是千錘百煉後的反璞歸

眞。主題單純的創意原則，在過度傳播的當今社會中顯得尤爲重要。消費者每天都要面對成千上萬的廣告訊息，他們選擇性注意的可能只有其中的一兩則，甚至完全沒有。要使廣告主的訊息能夠穿透廣告傳播環境中的各種訊息，引起消費者注意，實現有效溝通，更需要「簡單而眞實」的訊息。

(二)表現新穎

單純的廣告主題，還需要以新穎、獨特的表現方式來傳播，這就是優秀廣告創意的基本特徵。表現方式雷同的廣告很難引起消費者的注意，只有表現方式獨特精彩、突破常規的廣告，才有可能引起消費者的興趣。新穎是精彩的必要前提，只有那種出人意料的、有興趣的、甚至驚人的表現方式，才能給人以強烈的衝擊力。在實際的廣告創意中，利用刺激物的新穎性，常能起到「出奇制勝」的效果。

(三)形象確定

任何廣告作品都要確立一種廣告形象，包括文字、聲音、圖形的形象。廣告形象包含著特定的訊息和傳播方式，是經過創造性的構想而確立的。一方面廣告形象必須是容易讓消費者識別，且不易被其他競爭對手模仿的；另一方面廣告形象又必須與宣傳對象的品牌特徵相吻合、相貼切。

(四)情感自然

創意期望影響他人的廣告，大多數要表現情感，以情動人。如何才能獲得以情動人的最佳效果呢？以心換心、以情換情是最有效的，

也是唯一可行的辦法。牽強附會無法打動人心，而矯揉造作則會失去受眾的信任。自然、眞誠、親切是構築廣告精品的必要條件，也是與消費者有效溝通的前提保障。

因此，優秀廣告的這些特徵，一般是並存且共生的，對於具體的某一廣告創意過程和作品而言，可能某些特徵較爲突出，而其他特徵不太明顯。但就廣告創意的整體規律性而言，它們是相互聯繫、有機結合、共同發揮作用的。把握優秀廣告的特徵，有助於我們認識廣告創意的諸多相關問題，也有助於我們提高廣告創意的能力。

第三節　行銷創意

美國行銷學教授菲利浦・科特勒指出：市場行銷是透過交換以滿足需要和欲望的人類活動。強調「交換」的重要性，得到許多人的贊同。美國市場行銷協會（AMA）的定義是：市場行銷是「研究引導商品和服務從生產者到達消費者和使用者所以進行的一切企業活動」。這種定義概括市場行銷的主要內容，範圍較廣。不管對市場行銷怎樣定義，都會發現它僅僅是針對「企業」而言，企業是營利性組織，一切都是爲了獲利。事實上，行銷發展至今，已經超出這個範圍，擴大到非營利性組織和個人之中。對於非營利組織，如政府機關，爲了樹立現象或推行一種觀念讓群眾接受，往往需要考慮各種因素，然後採取一定的方法推銷自己，同樣需要相當好的行銷創意和技巧。

狹義行銷僅指對於營利性社會組織——企業——來說的市場行銷。企業爲銷售產品或服務而進行市場調查，稱爲行銷調查，透過對市場消費者的調查來確定行銷計畫，而後在實現行銷計畫的過程中進行行銷管理，進而實現企業目的。

廣義行銷是指現實生活中的一切行銷行爲和過程，包括非營利性

創意原理

組織（政府機構、機關團體等）和個人的行銷活動，它們推銷現象、觀念或智慧，並進行一定程度的策劃。

一、行銷與創意

從水平層面而言，包括行銷主體、行銷對象、行銷媒體和行銷觀念等方面的擴大。1969年，西德尼·萊維和菲利浦·科特勒提出「擴大的行銷概念」。他們認為，行銷不僅僅適用於產品和服務，也適用於組織、人、地方和意識現象。所有的組織，不管它們是否進行貨幣交易，事實上都在從事行銷。這一概念擴大行銷的內涵，使行銷具有時代意義和現實意義。

現今的企業面臨嚴峻的挑戰，競爭日趨激烈，現代企業制度的全面推行已經展開，各國企業正面臨一場經濟大戰。這場經濟大戰的陣地是商場，商場之上是市場大戰，市場大戰的核心是行銷大戰，而行銷大戰的主要概念是大行銷觀念，致勝之機則是創意、策略和策略的較量。無論商場或戰場，勝利者都是能夠運籌帷幄，決勝千里的人。沒有一流的創意就沒有一流的策劃，沒有一流的策劃就沒有一流的行銷。進入大行銷時代，企業面臨競爭和壓力，挑戰和機會並存，風險和收益同在。在這樣的狀況下，企業又該如何做呢？

首先，要澈底轉變觀念，樹立大創意觀念、大行銷概念，爭取全體創意、全體行銷，讓企業所有人都具有行銷創意的觀念和意識。意識是行動的指導，只有具有正確先進的意識，才能有正確的措施和行動。其次，企業要建立一套完整的科學組織結構，將行銷部門獨立，直接向最高單位負責，具體進行行銷的創意、策劃和活動。再次，企業要實行行銷戰略，不能走一步算一步，企業一開始就要確實做好檢查，熟悉市場情況，制定長期戰略，指導將來的行銷活動，同時也是評價行銷活動效果的標準。

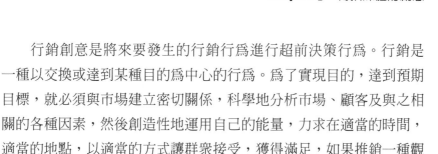

　　行銷創意是將來要發生的行銷行為進行超前決策行為。行銷是一種以交換或達到某種目的為中心的行為。為了實現目的，達到預期目標，就必須與市場建立密切關係，科學地分析市場、顧客及與之相關的各種因素，然後創造性地運用自己的能量，力求在適當的時間，適當的地點，以適當的方式讓群眾接受，獲得滿足，如果推銷一種觀念，就有必要採取一定的策略和技術使大眾自覺的接受它。這個過程中，行銷人員所做的分析、判斷、推理、預測、構思等工作便是行銷創意。

　　最後，企業時刻關心顧客，瞭解顧客，既注意現實的需求，又要挖掘他們的潛能。顧客會根據自己的需求對產品提出各種要求、意見，這種要求就是最好的市場產品開發調查，在顧客提出要求的同時已經閃爍創意的火花，加上眾人的努力，受歡迎的產品自然很快上市。

二、行銷創意的原理

　　「出奇方能致勝」，已經成為行銷過程中的成功法則。創意，存在於人類一切的活動中，不能創新出奇便缺乏生機，缺乏魅力。人無我有，人有我優，人優我新，人新我變。古人說：「兵法之精貴在出奇，運用之妙存乎一心」，這也是兵法運用於商場對行銷創意創新出奇原理最好的註解。另外，創新出奇的行銷創意方案必須有可操作性，否則只是妄想罷了。任何一個需要執行的創意，都要找到創意的關鍵點突破，整個創意行銷過程清晰明朗，一切矛盾迎刃而解。行銷創意方案是否簡潔明瞭、確實可行，又能抓住事物的主要問題，提綱挈領，充分表現策劃方案設計者的創意水準。高水準的行銷創意方案是簡單易行的，高水準的策劃方案設計者能夠從成千上萬個變化因素、限制因素中，抽離出具有創造性、簡單可行的決策方案。

創意原理

(一)致勝原理

　　行銷創意的整體致勝原理是行銷基本原理中最重要的一個部分。它要行銷創意方案能夠高瞻遠矚，深謀遠慮，能用系統論來分析事物的演變規律，正確地預測市場的動向，能夠爲決策從戰略整體上掌握全局，爲企業行銷總目標的實現全面制定戰略方案、實施方法以及戰術安排。

(二)發展原理

　　行銷創意的發展原理要求行銷創意人員在策劃之初自己能通權達變，也要求所設計出的策劃方案能夠讓執行者在執行時可以隨機應變、因勢而變，具有足夠的變通、適應能力。市場就是戰場，形式瞬息萬變。政府的法規政策在變動，社會文化習慣在變化，競爭對手在變，消費者也在變，企業自身也在發展變化，產品在更新，品質在提高，市場行銷也必須生生不息的變動。

(三)智慧變化原理

　　行銷創意是行銷的核心和前提，在現代行銷活動中已成爲一種極具潛在力量的活動方式。現代市場行銷是一項富有挑戰性的事業，行銷創意成爲一項極富創造性的活動。經常聽到這樣的議論：某公司的某個行銷創意使行銷一擊致勝，某企業的創意行銷創意方案效果奇佳。無論從對社會的影響，還是從對促進生產、指導消費、拓展市場角度來看，創意、創造力一直是現代行銷活動存在和發展的動力。

(四)以顧客爲中心的原理

現代行銷思想集中表現在一點，即滿足消費者需求，以顧客爲中心，生產出符合消費者要求的高品質、低成本、低價格的產品，提供舒適寬敞的購物環境和良好的售後服務，是市場對生產企業、經銷商的基本要求。其中反映出行銷理論「生產中心論」到「銷售中心論」，再發展到以消費者的滿足爲企業宗旨的行銷思想。

第四節　公共關係創意

「公共關係」簡稱「公關」，這一詞語最早出現於18世紀的美國，其英文全稱爲public relations，一般翻譯爲公關，幾年來不同學者從不同的角度對公關的定義眾說紛紜。1976年美國學者萊克斯‧哈羅博士收集了四百七十二個有關公關的定義，分析歸納後，提出這樣的定義：「公關是一種特殊的管理職能，它幫助一個組織建立並保持與公眾之間的交流、理解、接受與合作；它參與處理各種問題和事件；它幫助管理部門即時瞭解公眾輿論並作出反應；它明確和強調管理部門爲公眾利益服務的責任；它作爲社會趨勢的監視者，幫助企業保持與社會變動同步；它運用研究成果和正當的、有效的傳播技能作爲其主要工具。」

一、公關的功能

良好的公共關係能使企業和消費者以及各層面之間建立一個良性關係，進而帶動產品銷售；一個企業的興衰，很大程度上取決於它的銷售狀況。良好的公關可以爲企業樹立信譽、塑造形象、提高知名度，可以發揮緩解矛盾、消除誤會、爭取同情諒解的作用；公關部門

利於它與群眾之間的廣泛聯繫，從各種管道蒐集資訊，群眾的意見和要求是企業最重要的資訊。由此可見，公共關係何其重要。從事公關工作的人員必須具備較高的心理素質和隨機應變能力，才能從容面對心態各異的公眾，才能在錯綜複雜的社會環境中處變不驚、游刃有餘的進行工作；應該富有同情心和愛心，樂於幫助和關心別人，極具親和力，才能取得群眾的信任，容易與公眾溝通；具有較強的角色轉換和思考能力，感受其他人的情緒，以此來調整自己的工作。只有具備以上條件才能完成企業和社會所賦予的使命。

公關在企業經營管理中透過各種傳播媒介，將企業的有關資訊及時、準確、有效的傳播，爭取公眾對企業的瞭解，提高企業及產品、人員的知名度和聲譽，爲企業創造良好的公眾輿論環境，樹立良好的形象。公關運用各種「以人爲本」的協調、溝通手段，爲企業疏通管道、發展關係、減少摩擦、調解衝突、化敵爲友，成爲企業的潤滑劑，成爲企業與群眾交往的橋樑，進而爲企業的生存發展創造「和諧」環境。公關透過與消費者溝通，爲產品的推銷提供充分、有價值的市場訊息；透過舉辦豐富多彩的公關活動，使產品的銷售帶有濃厚的人情味和藝術性，進而大大改善銷售結果。成功的公關活動可以改變人們對商品的觀感，爲促銷創造良好條件。正因如此，公關與推銷相結合已成爲現代市場行銷的一種新趨勢。

爭取勝利的途徑之一就是透過公關方式，贏得社會大眾的信任，樹立良好的形象。競爭是發展的動力，合作是發展的基礎。從公關的角度看企業競爭，尊重對手、善待對手，在競爭中合作，在合作中競爭，才能獲得社會公眾的好感和稱讚，競爭雙方也會在競爭中獲益，擴大社會影響，開拓和鞏固市場。完善的售後服務也是公關工作的一個重要方面。國外獲得成功的優秀公司，它們始終都把自己定位爲服務性企業，都把「服務」二字作爲自己企業的宗旨。他們要求向顧客提供一流的服務，在這些服務中，售後服務是非常重要的。良好的售

後服務，可以使顧客長期保持對該公司、該產品的信任。使企業品牌在同行業中具有絕對的競爭優勢。

二、公關的創意

　　所謂公關創意就是在傳遞有關個人、公司、政府機構或其他組織的資訊並改善群眾對其態度的種種政策或行動中，突破原有固定的模式，以一種新穎的方法、一種建議、一種策劃表現出來。好的創意不僅是商品，而且是時下最為熱門的商品，重要性正在超越土地、房地產、資本……這一觀念正逐漸深入人心。創意，也許不能直接算作財富，但它是新型財富的豐富源泉，是新型財富的豐碩資源。公關的創意模式確定目標和對象後，制定公關計畫方案的步驟就是選擇適當的公關模式進行公關活動，其中包含：交際型公關、服務型公關、宣傳型公關。這一模式認為，公關活動的過程分為四個步驟：公關問題的確定、公關的計畫和方案的設計制定、溝通及其他公關活動、公關活動的評估。每一個步驟與其他步驟一樣重要，是一個持續、循環的過程，各步驟相互連結，缺一不可，呈現出動態的環狀結構。

(一)交際型公關

　　一位知名學者認為，陌生人之間接觸的前四分鐘是非常重要的。對有興趣建立新友誼關係的朋友來說：「當你在社交場合中遇到陌生人時，你應該把注意力集中在他身上四分鐘。」這樣的行動只要幾次，便會改變自己的社交方式。他說：「或許吧，完全的誠實對於社交關係來說往往並不合適，特別是在相互接觸的前幾分鐘，這時可能有各種各樣的表現，只有適當的表現，在和陌生人的交際中才是最好的一種方式。」

(二)服務型公關

服務型公關模式是各種公關手段為群眾提供實在的服務來溝通和聯繫企業與群眾之間關係的一種公關模式。進行服務型公關能使公眾感受到企業的真誠，贏得公眾對企業的信任，進而引導公眾對企業採取友好合作的行為。企業形象的基石是產品品質，任何企業都必須以提高產品品質為使命，因為產品品質的好壞對企業生存具有極大的影響。沒有好的產品，有再好的公關方法都行不通。服務型公關模式的特點是情味濃厚、回饋靈敏、調整迅速。做法有：良好的產品品質、完善的售後服務、樹立良好的企業形象；把所出售商品與公關活動結合，使顧客滿意而歸。

(三)宣傳型公關

廣告宣傳型公關模式是指企業運用各種傳播媒體向社會公眾有意、有目的的傳播企業相關資訊，以影響和引導群眾的態度、意見和行為，擴大企業的社會影響，形成對企業有利的輿論環境的一種公關活動方式。主要的目的是提高企業在社會的知名度，同時提高企業的聲譽，主要任務是向群眾傳送企業的相關資訊，企業廣告宣傳型公關活動的特點是主導性強、時效性好、能夠有效的利用各種傳播媒體與公眾進行溝通，因而傳播空間大，溝通範圍廣，推廣速度快。

總結上述，制定策略，這就是自己的創意。沒有策略，就沒有創意；沒有創意，策略就失去了意義。公司應該組建有效的團隊，並且賦予員工權力，開發他們內在的驅動力，讓他們自動自發的行動，將有關市場的知識轉變成遠見，把握潮流和時尚。有人認為創意來自天才，實際上，創意是一門科學不是藝術。好的公關創意是集體智慧的結晶，不是某個大師的專利，很多藝術需要天分，很多創意都是經由

固定的程序、個人努力所能達到。

第五節　電影動畫創意

　　創意是設計的生命所在，是藝術性、創造性傳達資訊的工具。影視創意則是將這種想法融入影視製作的過程之中，進而達到意念的藝術表現效果，由於影視的製作是一個非常複雜的過程，通常會涉及許多的相關方面，例如：表現手法的創意、電影風格的創意、電影發行宣傳的創意。

　　電影創意不是單純的構想，它是整體電影策劃、製作過程中的重要關鍵環節，創意者不僅要研究大量的市場資訊，同時，還要運用電影學的理論與知識，懂得在環境中去研究電影界的發展及成功的案例。特別是要進行創造性的思考、避免雷同、擺脫模仿。如今，在電影競爭情況下，要顯出特色，才能取得成功。而事實和架構是創意的依據，架構是由電影策劃製作整體規劃所確定，例如：電影對象的確定、電影策略的整體思路、電影觀眾的定位、推廣方式及推廣媒體等等。構成整體架構，它對創意都從不同方面、不同程度上產生制約作用，創意只能依照架構的限定來進行。單憑主觀或許可能產生新奇的想法，但不可能成為某一特定電影的創意。而事實是客觀的存在，例如：市場情報、觀眾資料、有關該電影的各種真實情況及其他背景資料，都是創意者必須尊重與考量的事實依據。

　　隨著科技的發展，使得電影技術在創意上有極大的突破與革命。藝術與科技的結合，儼然是一種現代文化水準發展的象徵，同時也是現代人追求的目標，因為科技與藝術的「互動性」，拉近了人與藝術的距離，這種「互動性」讓「藝術家、作品、觀眾」三者之間的角色改變，觀眾從以前的被動接受，轉變成了主動參與。當藝術成為可以

參與的事物後，藝術不再是遙遠的。當科技遇上藝術不是轉彎而是改變藝術時，這是一種顛覆。當第一部由電腦製作的長篇動畫電影「玩具總動員」上映時，每一個藝術都有它可貴的一面，每個時代所呈現不同的藝術風格，除了顯示時代的包容性之外，也是展現創作者的文化自覺，當藝術與媒體、音樂、文學、戲劇、科學產生對話後，藝術已經不再是純藝術了，而是具有社會目的及時代象徵意義了。科技藝術進入90年代後，多元性的藝術思維突破了過去傳統藝術的想法，讓藝術產生多元性，也因此帶動更多元的創作思維，「玩具總動員」啓動用電腦運算構圖動畫後，傳統繪畫就轉型用電腦做藝術，電腦繪圖帶出一個全新的市場，這新市場改變藝術家的專利權，藝術不再只是部分行家手裡的專利，現在只需掌握創作軟體工具，每個人都有可能成爲宮崎駿。

【案例】

　　成立於1986年的皮克斯，被公認為是全世界最知名、最具創新精神的動畫製作工作室，十四部動畫長片、幾十部動畫短片在這裡誕生，共獲得七次奧斯卡最佳動畫長片獎、五座金球獎和三座葛萊美獎。皮克斯充滿活力、永遠標新立異的精神是好萊塢企業文化和矽谷科技的合作產物。憑藉精彩的創意和先進的技術，皮克斯取得一個又一個令人驚歎的成功。如今，皮克斯自身也成為迪士尼更龐大的商業版圖的一部分。2006年收購發生當時，皮克斯創始人之一愛德溫‧卡特姆曾表示說：「迪士尼曾經歷過兩個重要的鼎盛時期：一是20世紀30年代，迪士尼公司成為動畫長片這一藝術形式的開拓先鋒；二是20世紀80年代，在新的領導團隊帶領下，迪士尼實現了『動畫復興』。第三個鼎盛時期將由我們來開闢。」

一、打造適合創意的工作環境

　　皮克斯創始人之一愛德溫說：人們常認為那些不可思議的「創意」，是出自一人的想法，也常誤解動畫只能透過單一主題來表現「創意」。例如有人會說：「這只是一部討論玩具、恐龍或是愛情的故事。」然而，事實並非如此。製作電影動畫和開發產品創意一樣，都需要一群不同背景的人一起合作、有效率地解決問題。然而，電影「原生概念」（電影的初始架構）的發想，僅僅只是電影製作的第一步而已。製作一部動畫電影平均費時四到五年，裡頭包含了成千上萬的想法和創意。這些創意可能表現在對話的台詞、角色的設計、場景的配置、攝影機的角度、顏色的搭配、光線的角度等。這些創意並不是單單由導演或是其他團隊領導者提出，而是由一個製作團隊提供建議。因為，「創意」必須要能在組織中的各個藝術部門、技術層級的人員身上展現，否則就不是「創意」了。

　　在皮克斯裡，每一個層級的藝術、技術人員，都能夠提供他們的想法，再由團隊領導者挑選出適合整個故事的創意。當然，挑選出好點子的過程並不輕鬆。就像在考古一樣，你並不知道你要找什麼，或是，害怕找不到任何東西，這整個過程令人提心吊膽。但其實有了好人才還不夠，更重要的是能讓這些人才有效率地一起共事。這就需要足夠的信任和尊重，才能達成。不可以用強迫的方式，要用時間贏得大家的敬重。打造一個自然、中立的環境，建立對彼此信任、尊重的關係，讓他們盡情展現創意。並且對自己所處的地方有歸屬感、有熱情、有成就感。

　　皮克斯的主要辦公地點是「賈伯斯大樓」（The Steve Jobs Building），這座建築的屋頂是仿製飛機庫的弧形穹頂建成的，其天馬行空的設計出自史蒂夫・賈伯斯之手；這裡還包括一間「超大空

間」的露天中庭，作為召開即時會議、公司慶典或嬉戲玩樂的「城市
廣場」之用。整座建築像極了一座小型的迪士尼樂園。在這裡，看不
到面無表情的員工擠在刻板乏味的走廊中，憂心忡忡地為週一早上會
議內容交頭接耳的情景。皮克斯人並不整天泡在軟體程式設計、動畫
或製作部門裡，或與其他部門的人員鮮有互動，他們都在忙著分享故
事、激發靈感。當他們興之所至地在中庭裡駐足片刻，和同事們打打
桌上足球，或在真人大小的皮克斯角色模型裡靜享一杯拿鐵時，幾乎
每天都能與不同部門的人員不期而遇。皮克斯鼓勵員工們自行裝飾他
們的私人辦公室、辦公間、辦公桌等區域，讓他們盡情施展自己的創
意。皮克斯的動畫部門有意想不到的最為炫酷的工作環境，當員工隨
意地閒聊打趣時，往往能夠彼此擦出靈感的火花，並發想出有建設性
的構想。

二、重視個人與團隊的互動

當然，想要製作出一部獨具奇思的影片，只靠興建一座奇幻的
遊樂場是遠遠不夠的。創意既是一種心態，也是一種需要個人和團隊
參與的社交互動。皮克斯之所以成功，團隊合作的貢獻功不可沒。這
些製作團隊有權利自行指定日程，自由支配影片製作過程中的方方面
面，就連預算高低也由自己來掌握。在皮克斯，直抒己見並不僅僅是
導演和製片人的特權。對於尚處在製作階段的作品進行的每日評審被
稱為「日審」，在絕大多數的電影工作室裡，只有一小撮高階員工才
有資格進行「日審」。在皮克斯，每天都會有團隊與大家分享未完成
的作品，而任何一個皮克斯人都有資格參與其中。愛德溫・卡特姆認
為，這種做法有以下幾個優點：(1)一旦擺脫了將未完成的作品公諸於
眾的尷尬，製作團隊就會變得更有創意；(2)透過這個機會，電影導演
可以與整個公司的人員分享和交流大致劇情；(3)參加回饋的人員可以

從他人創造的作品中獲取靈感和動力。除此之外，這還避免了臨近結尾才發現需要返工帶來的損失。這種高度的自主權和責任感，是絕無法在猜忌重重的企業文化中找到紮根的土壤，就如卡特姆所言：「別給創意硬冠上條條框框，創意來去自如，無拘無束。」

「藝術是一項集體活動」的理念，是皮克斯合作型工作和學習的核心精髓。皮克斯人集思廣益，對不同的觀點秉承著兼容并包的態度。《天外奇蹟》的導演之一彼特・達克特認為，電影屬於個人創作，但同時也有濃重的集體合作的痕跡，沒有人能獨挑大梁。談及這部影片的製作過程時，他說：「作為導演，我並沒有很具體地向團隊框定出他想要的效果，比如：『在第七個鏡頭中，我想讓他去拿水瓶。』我更想傳達感覺，比如：『記住，他剛剛跑完7英里，現在的他既疲憊又暴躁。』只需要把這樣的細節傳達給動畫製作者們，把他們想像成演員來對待，讓他們把自己的想法也注入電影就行了。」

三、勇於堅守自己的價值觀

20世紀90年代，皮克斯幸運地與迪士尼動畫工作室簽訂了三部電影的製作合同，其中第一部電影便是《玩具總動員》。《玩具總動員》的製作團隊希望將友誼作為該片故事的脈絡，故事中的主角們雖然在開始時有些磕磕碰碰，但在共同前進的過程中最終結成了夥伴。然而，當時迪士尼動畫工作室的領頭人卡森伯格卻對故事情節吹毛求疵，在聽取了影片的故事梗後，對主角胡迪「幼稚」的個性十分厭惡，並要求把這個角色塑造得更加「犀利」，還下令不顧影片品質加緊趕工。導演約翰・拉塞特和他的團隊只能一次又一次忍氣吞聲，一點一點毀壞他們原本的故事構想，把胡迪變為一個無情的冷面角色。在樣片進行內部放映時，拉塞特和他的團隊親眼目睹了面目全非、陰險邪惡的胡迪，大家都很憤憤不平。消息傳到了卡森伯格的耳朵裡，

他下令立即中止電影的製作，堅持要對影片製作團隊進行裁員。製作團隊的成員們終於不再放之任之，不再背棄自己的夢想、屈從於他人的苛求。製作團隊下定決心，按照原來的構想來發展劇情，並把成果展示出來。「就給我們兩週時間吧，」拉塞特懇求道，「我們會來個乾坤大挪移的。」

他們的請求被批准後，隊員們夜以繼日埋頭苦幹，對電影進行了修改，將胡迪塑造成了一位富有人情味的領袖角色。最後的結果眾所周知，《玩具總動員》取得了巨大的成功，開啟了皮克斯的傳奇故事。創意型人才的成功來自共同開拓新疆界的團結精神，也來自敢於抵抗頑固不化的公司高管、勇於堅守自己價值觀的堅定信念。如果《玩具總動員》的製作團隊屈從於卡森伯格的威脅、任夢想偏離航向的話，那麼皮克斯一定不會取得今天的成就。

想要避免公司高層的干預、得到領導層的支持和建議，可以邀請上司參加一、兩次工作彙報，介紹工作目前的狀況，彙報迄今取得的成果。像對待顧客一樣對待你的上司，努力讓他們欣然接受你的夢想，這也是皮克斯帶給廣大創新者的經驗和建議。看完了皮克斯對「創意」的做法，我們知道皮克斯的成功絕非偶然，而是透過團隊的默契，來培養獨一無二的創意，並且藉由溝通、回饋，讓這些創意想法更加完美。

第六節　網路媒體創意

網路時代極大地拓展了創新活動範圍，新的「未知」領域內逐漸沒有了專業統治這一概念，創新成為社會的最新最大需求點。創新活動從總體上來講是社會所需要的，是社會鼓勵的，是受到社會尊重的。Cisco是網路時代創新商業模式的實踐者和成果典範。Cisco總裁

兼執行官錢伯斯堅信網際網路將改變我們的工作、學習和生活方式。Cisco公司無需建立新的製造廠就能擴大生產能力，並將產品週期縮短為一週至三週，將新產品上市的時間縮短了三分之二，僅需六個月左右。越來越多人投入到創新之中，出現專業業餘人群。同時，一個創新活動的成果可以直接受到公眾的評判和檢驗，以前那種由「權威」一言定局的現象會大大減少。Cisco公司網路還促進了內部資源分享，改善了處理日常事務的流程和效率。網站可供員工訪問的資訊超過一百七十萬頁，內部員工每天使用數量超過數千人。

創新已不是一個人獨力完成的事，而是大量的群體結合「知識共用」，「共同創新」的結果。Cisco在網上銷售複雜的網路設備，目前每天的銷售收入達到驚人的2,800萬美元，全年線上銷售額將超過50億美元。這個網路已經把Cisco內部各部門與供應商、合作製造商、裝配商以及貿易管道夥伴連為一個整體，訪問這個網站的還包括現有客戶和潛在客戶。創新活動不再以經濟效益為主，而首先會理性地考慮社會效益，首先會理性地考慮人與人之間的協調，人與自然界之間協調將成為人人自覺的法則，如果違反這一法則，就極少有成功的可能。創新活動將大大減少功利主義的色彩，娛樂性消遣性大大增加，更大地滿足個人的社會認可性。創新活動將使個性在理性的指導下發揮出最大的魅力，更豐富人性化特色。創新活動將有機地和你的生活、工作及娛樂結合在一起。

創意原理

【舉例】

　　史蒂夫‧賈伯斯21歲時，和26歲的沃茲在自己家的車庫成立了蘋果電腦公司，開發出了第一台在市面上進行銷售的電腦。當時，電腦產業剛剛起步，專業人才很少，從事此行業的人多數是半途出家的電腦人才，他們在昨天可能還是藝術家、物理學者，可是一夜之間，他們成為電腦行家。因為他們對電腦懷有濃厚興趣，並不是為了賺錢進入此領域。賈伯斯也像這些人一樣，癡迷於電腦研究，但他從中獲益匪淺，不到十年的時間就擁有了一家市值20億美元的公司。也就在這時，他被自己的公司炒了魷魚。

　　這一事件鬧得沸沸揚揚，世人盡知。賈伯斯一度深感困惑，甚至想要離開電腦行業，可是他很快從失敗中振奮起來，決定從新開始，繼續自己的事業。於是，他先後開辦了NeXT和Pixar公司，繼續做自己的電腦研究。

　　Pixar公司推出了暢銷動畫片《玩具總動員》和《蟲蟲危機》，蘋果公司收購了NeXT，賈伯斯得以重返蘋果公司。回來的他發現，公司情況十分糟糕，每個人都被認為是失敗者。為此，他夜以繼日地工作，努力挽回頹廢的局勢。他迅速砍掉沒有特色的業務，他對職員們說：「不必保證每個決定都是正確的，只要大多數的決定正確即可。因此不必害怕。」以此調動每個人的積極性。這些明智的措施糾正了公司的錯誤，使得公司終於走上正軌。

　　賈伯斯的故事再現了網路時代創新的種種角色。可以說，如果不是電腦，他就無法實現自己「從無到有→從有到無→再擁有」的神奇歷程。綜上所述，電腦網路時代的「未來」創新活動與以往有了較大區別。

創意的價值

- 創意的核心價值
- 創意的觀念價值
- 創意的產業價值
- 創意的活動實現
- 創意的個人價值

有些創意中，99%都沒有價值，因為創意本身不含任何
價值的情形也有，無法找出價值的情形也不少，但是，無論
如何，最後一個創意說不定是全世界最優秀的創意。

——亞歷斯‧奧斯本

第一節　創意的核心價值

一般來說，越有價值的東西，在全局中所占的物質分量越少。
在現代經濟時代，一個企業的市場地位、品牌效應已經不再取決於資
金有多少、科技的高低，而是取決於各種資源的利用效率，取決於它
的創意能力。持續的企業創意，就像一個「點子庫」、「創意庫」，
一但擁有它，企業就可以進行多方面的資源整合，最大程度地降低成
本，獲取利益。所以說，在一個企業中，創意能否作為核心內容得到
發揮，是衡量企業水準的標準之一。例如：眾所皆知，可口可樂配方
是業界最大的秘密，無數人夢想著解開這個配方的秘密，可是無人成
功。到今日為止，可口可樂配方依然安全地躺在公司的保險櫃裡。對
於一種飲料來說，可口可樂與其他飲料的絕大部分都一樣，也是水。
然而，只占不到1%的配方卻成為競爭的關鍵，上百年來，可口可樂正
是靠它保持著飲料界的領先地位。如今，可口可樂早已不是一種簡單
的產品，它含有厚重的文化內涵。

然而創意的價值，按其價值指向對象的不同，一般而言可以分
為生產性價值和生活性價值兩類。生產性價值主要是指創意對於商業
生產與產業實踐所具有的實質意義，而生活性價值主要是指創意滿足
消費者物質與精神需求的有用性及其正面意義。創意價值從根本上來
說，主要是指相關創意，或其產品或服務形態所具有的對於產業發展

及個體消費的有用性。創意的價值，在沒有得到相關權利保護之前，其所存在的巨大風險，使其不適合進行大規模的產業化開發；而只有在創意得到版權等智慧財產權保護之後，才產生了產業化的可能，同時也只有透過產業化的手段才能使其創意的價值得到最大的體現與進一步開發。但是需要指出的是，創意價值的產業化實現，也有其自身特定的運動規律與運作方式，需要遵循相關的原則，才能事半功倍，否則只能是不得其門而入，甚至是南轅北轍，效果大打折扣。

社會學意義上的價值，是指客體所具有的促進主體生存和發展的性質和能力，即客體對主體所具有的正面意義和正面價值。在日常生活中，價值判斷是發生頻率最高的認識思維活動，是我們對刺激和影響感官的各種事情或物體是否產生興趣、是否進行進一步的認識和思維、是否採取行為加以處置的前提條件。辯證唯物主義哲學認為，價值是揭示外部客觀世界對於滿足人的需要的意義關係的範疇，是指具有特定屬性的客體對於主體需要的意義。經濟學意義上的價值是指凝結在商品中的無差別的人類勞動，價值量的大小決定於生產這一商品所需的社會必要勞動時間的多少。

從價值角度談創意的有用性，社會大眾的認知與接受乃不言而喻──沒有整體消費群體的認知，創意就失去其產業化存在的基礎和必要；而創意如果不能為社會大眾所接受，創意就失去價值，進而也不會為逐利性明顯的產業所接納。在這裡有一點需要指出，那就是創意的價值，目前很少表現為科學、權威的以版權為代表的智慧財產權價值評估結果，而多表現為按照市場慣例約定俗成，或是僅僅依靠雙方的討價還價能力而確定的價格水平。這實際上隱伏著相當大的風險，因為市場慣例是經驗性的，是不科學的，也是不準確的；而科學的版權等智慧財產權評估結果才具有更大的通約性與適用性，也更有資格擔當價值評判的尺度與準繩。但同時透過版權等智慧財產權價值評估的形式去認識與確定創意的價值，也意味著這種創意必須首先經過一

種社會性、專業性的，包括對其創意程度的整體檢驗，透過這種檢驗才能獲得相應的權利保護，才具有產業開發的可能。

第二節　創意的觀念價值

　　一件創意產品的最終價格之所以能與其效用性價格相差甚遠，主要是由於消費者將自身的精神活動及精神追求的價值凝聚其中，從而大大提升了其附加值，即所謂的觀念價值。這種附加值歸根結柢，仍是對於消費者自我精神追求及精神價值的肯定及張揚。從這個意義上來說，創意價值的產業化實現，在很大程度上其實也是創意觀念價值的產業化實現。需要指出的是，並非所有的創意價值都會進行產業化實現。因為不是所有的創意價值的擁有者都希望其價值在社會中得到印證和實現，相關原創者萌生創意及製作創意作品的目的很可能只是為了個人的鑑賞、品評、玩味而用，缺乏將其進行產業化開發的意願——儘管也許實際上進行產業化開發更能有利於其價值的擴大與實現。這種形式的創意及創意作品最後的歸宿往往趨於分化，一部分被擺在家裡作為工藝產品存在，一部分走向商業化。

　　我認為，觀念價值之所以會出現大幅增長，甚至在很大程度上超越了相關創意產品的使用價值，主要是因為有關消費者將自身的審美體驗、藝術欣賞、精神追求、生活情趣、品位及品質要求等精神層面的活動及其價值傾注到創意產品中，換言之，消費者認為他所購買的創意產品的價格中，有很大一部分是自身的精神活動及精神追求的價值——這也通常是社會經濟發展過程中，基本生活的效用需求逐漸讓位於更加高級化的精神層面需求的外在表現。然而，創意價值要獲得更好的產業化實現，就有必要密切關注並進一步理解創意產品的觀念價值形態。觀念價值是相對於使用價值或效用而言的，它是一種精神

性價值，譬如審美需求、藝術品位、鑑賞層次、精神情趣、品質及品位性等都是觀念價值的表現形式，隨著社會的發展進步，人們對功能性消費的需求下降，對精神性體驗的需求大幅攀升。

第三節　創意的產業價值

創意價值的產業化實現過程中，相關關聯企業必須能夠在這個價值圈中各自占據一席之地，換言之，必須能夠得到與自身的實力與努力程度相適應的商業利益，否則整個價值圈將陷於崩潰，因缺乏市場性動力而不復存在。其實在現實的商業活動過程中，這一點也是不言而喻的，也是為各市場主體所認可與切實貫徹施行的。所以要在這裡提出，是為了指出另外的問題──這種價值圈的形成背後的力量是市場還是非市場因素？價值圈是否能夠按照有關各方在價值實現過程中發揮的作用生成，還是僅僅按照企業規模及整體實力生成？價值圈中各創意企業之間利益關係的協調與互動是遵循怎樣的原則？都需要我們進一步進行思考，這對於創意價值的產業實現，具有莫大的關聯，值得我們加以認真的分析與系統地探尋。因此，創意產業的價值實現應有基本條件如下：

1.創意的價值能為社會所認知與接受。
2.創意的價值發掘與實現能夠不受干擾地進行，即創意能夠形成相關權利形態，並得到相關法律法規的全程保護。
3.創意價值必須具有能夠以及適合產業化的自身獨特性。
4.創意產業化的產業鏈必須足夠完整，功能必須足夠協調。
5.創意產業化所形成的價值圈（及價值循環）必須能夠覆蓋到所有主體，換言之，產業化必須使相關主體都能分享價值創造成果。

6.創意價值的產業化實現，離不開營銷推介環節的大力推動，在消費者注重體驗價值與個性需求的今天，推介宣傳環節更顯重要。

第四節　創意的活動實現

　　由於傳統產業的產品或服務主要是以消費、使用為主，其消費過程是一次性完成的，因而營銷推廣環節主要是以功能宣傳、推介為主，以成功出售產品或服務為最終目的；而創意產品或服務更多地涉及到體驗環節，更多地強調其個性化、審美性與獨特體驗性，因而其營銷推廣活動需要更多地突出創意產品或服務消費的體驗性，凸顯其對於滿足消費者個性化精神需求的滿足程度，強調其對於確認以及發展消費者的獨特審美品格的重要作用。創意產業化價值的實現，其營銷推廣環節實在具有舉足輕重的作用，對此需予足夠的重視。要取得消費群體對於創意產品或服務獨特體驗價值的認知與接受，就需要開展強大的營銷推廣行動，甚至在對消費者進行反覆的多頻度、全方位營銷過程中，使有關創意產品或服務的審美特點、功能有用性及獨特的消費體驗傳遞給消費者，引起其心理的共鳴與消費傾向性，從而作出後續的消費抉擇，實施消費體驗行動。然而，創意產業的營銷推廣活動與傳統的營銷推廣存在很大差異。創意產業不同於其他產業的一個很重要的特點是：它特別注重體驗價值的生成與實現。而體驗價值的實現依靠消費者對於其創意品或服務獨特體驗價值的認知與認可，只有這樣，相關創意產品或服務的體驗價值才有可能得以償付，並順利地將相關收益用於產業再生產過程中，以維持產業循環過程。

　　創意價值的產業化實現，還必須處理好產業的標準化、藝術的個性化與審美價值取向多元化之間的關係，這一點也從側面反映出了創

意生產者（創意企業）、核心創意製造者或原創者（如藝術家、研究人員等）及創意的消費者之間的不同價值主張及其互動關係。作為產業化的執行者，創意企業需要規模化生產，以獲取規模化效益，它不僅需要賦予創意以標準，還要使這種標準可以衡量創意產品的優劣，可以組織相關創意產品的生產，並在效益最大化生產函數曲線的指引下進行量產；但同時，作為創意核心原創人員，他無疑希望其創意的物化品——創意產品得到最大限度的流傳，在審美進而在商業上獲得更多的推廣，在更大的範圍內被鑑賞、被品玩、被認可，而原創人員本人不僅可以從中獲得成就感與自我價值感，也能拓展個人的商業利益；從某種意義上來說，原創者在創意作品的創作過程中，必然賦予了其特殊的審美形態與體驗性，將自己對於藝術與審美的理解凝聚到創意產品之中，但不同的消費者也必然根據各自的審美傾向與體驗需求，對其進行多角度的審視與判斷，在購買與消費過程中，也必然會獲得不同的體驗價值。

　　從根本上來說，在將創意物化並量產這個問題上，無論原創者、生產者還是消費者，基本上都是能達成統一的，原創者希望獲取更多的社會認可及價值實現，生產者希望獲取更多的利潤，而消費者則樂於見到更多可供挑選的體驗性產品。但創意在產業化過程中，其藝術屬性與商業屬性在發生矛盾和衝突的情況下，即原創者與生產者在諸如工業設計、營銷推廣、宣傳等環節上，為了決斷是要更多地保留藝術性還是堅持更徹底的商業性開發而產生爭執時，最終結果呈現哪種面貌，則要取決於在產業化過程中，是原創者還是生產者居於市場的優勢地位。一般而言，默默無聞的創意原創者通常在與生產者的較量過程中處於劣勢地位，其創意產品的最終形態也往往呈現出更多的商業色彩。而擁有一些成功的商業化版權或其他無形資產權利的原創者，在再度進行創意創作與商業生產時，更多地會處於較為有利的地位，因而有關產品的風格也更加凸顯其個人風格，更具個性化。現

代社會的消費者由於其更具個性化的體驗需求而聞名，他們不僅能從具有不同形態與特點的創意產品中得到獨特、精彩和充分的體驗性，甚至也能給原創者以啟發，以其自身的審美體驗感受並進一步影響原創者的審美體驗，從而完成創意品審美體驗的互動過程。一般而言，消費者與生產者之間的直接關係，就是供給與需求之間的經濟關係，但在創意產業化過程中，這種購買與消費還同時伴隨著審美體驗過程的轉移，因而取得消費者個性化的體驗性感受，換言之，審美反饋，對於生產者具有極其重要的特殊意義。在消費者與生產者之間的關係中，這種關係最為普遍。

第五節　創意的個人價值

每個人都希望自己的能力是「物超所值」，能夠讓別人欣賞、自我提升、成為他人眼中的創意人，但是面對工作職場，你能夠有什麼不一樣的改變？大家都有消費經驗，想想看，如果老闆是個消費者，而你是個消費品，消費者最想做的是什麼？就是物超所值，也就是增值性；但這樣還不夠，物超所值只是便宜貨之間的較量，再想想看，如果你很喜歡一款手機，例如iPhone，你會為它討價還價嗎？當然也不會！你會想要它，是因為它的風格與獨特，你甚至會二話不說，花大筆銀子買下它！如果搞懂上面的概念，那我們就要進入現在職人該產生何種價值的層面。因為不同的職掌，每個專業人士都該提升自己的專業能力；但從上述的角度來說，這根本一點也不夠。我的看法是，現在是一個高度變動與行銷的時代，所以，如何應付變動與行銷就是非常主要的學習目標。職場上會面臨的最大問題，在於兩個層面：一是你是否產生價值，二是產生何種價值。當然，嚴格來說，每個人進入職場都有其價值，即使是倒個茶、洗個廁所都是；但我想大

部分的職場上人並不想僅僅於此。這裡所指的價值，是指具有高度增值性與不可替代性的價值。

一、如何成為老闆眼中的物超所值

依據經驗來看，創意思考和獨立思考的能力，常常是獲得主管信任的根據來源。怎麼說呢？一個員工讓老闆覺得沒有價值，其實很大的原因是該員工好像只會一個口令一個動作，與其說是員工，其實比較像老闆的執行工具。真正有企圖心的老闆，會希望員工是有想法的，這樣才能具備獨當一面的能力，這叫做獨立思考。但如果你不但有想法，而且是創新的想法，能幫助企業脫離困局、解決問題、研發商品、開拓商機，那就更不得了了！這些不但是企業平時就急需要的，而在現今動不動就出現金融海嘯的情況下，用創意生轉機，不但老闆期望獲得，就算不幸離職，也可以擁有自行創業或另闢戰場的思考規模。而且，這種能力是修練得到後，會自動增值，卻又不會被搶走，而且又獨領風騷，互不牴觸的能力！

二、如何培養自己的創意習慣

創意不是像讀書考試，學過就會的東西，如果這樣就能做到，創意就不值錢了。創意是一種生活的方式，是從你立志想要做個與眾不同的人開始。但不要誤會，我並不是鼓勵大家標新立異，因為這與創意是有些距離的。標新立異是：我就想要不一樣；創意則是：我不一樣是有原因與目的的，而創意是為了達到這個目的所提出的方案。因此，儘管許多人前前後後設計出一堆創意方法與工具，都不會是唯一的；每樣創意工具都有長處，也有其缺陷。創意就像運動一樣。沒有運動習慣的人，不管是為了減肥、健康或美觀，初次運動都是痛苦

的，這也是運動者最後選擇半途而廢的重要原因。但是，度過難關的
人都知道，只要熬過去，慢慢就會變輕鬆了。創意的練習也是，剛開
始用腦非常痛苦，就是什麼都擠不出來，可是，只要熬過去，自然就
比較容易創思泉湧了！

創意價值的案例

- 創意能從價值變成價格——

  Adobe創意價值調查報告（上）
- 創意能從價值變成價格——

  Adobe創意價值調查報告（下）

在任何一個成功的背後，都有著十五年到二十年的生活經驗，要是沒有這些生活經驗，任何才思敏捷恐怕也不會有，而且在這裡，恐怕任何天才也都無濟於事。

——巴莆連柯

第一節　創意能從價值變成價格——Adobe創意價值調查報告（上）

「創意」重要嗎？隨著網路普及、行動裝置與App的發展強化了大眾對於創意的重視與理解，但這會不會只是一種想像？重視創意是否真的成為了普世價值，假如是，又是否能從價值轉變為價格？消費者對創意買單嗎？創意相關工作者如平面、互動、音樂、影像各式設計師又是否得到了重視、尊重以及薪資回饋？重視創意又是否帶來了社會制度、風氣、文化甚至教育內容的改變呢？Adobe訪查了英、美、法、德、日五個經濟與創意大國（舉例一下創意代表或是產品好了：ARM、Apple、Bugatti/ LV Benz、Pepper）製作了創意調查以及創意價值報告，調查上述具有高度知識經濟產值國家的創意概念、產業的價值與理解，設計師與創意工作者的工作環境、態度、薪資，以及社會文化、教育與創意關係等。也讓我們一起透過數據，看看世界大國的創意狀況，進而反思一下台灣的現況與未來。

一般認為，年輕人應該比年長者有創意，在數據中也確實呈現，大家普遍認為越年輕的世代就越有創意（GEN Z, 55%），而年輕人也希望被他人視為是有創意的（GEN Z, 66%; MILLENNIALS, 62%）。而青年們也認同創意與創意工具讓我們更容易表達自己的想法與產出作品，當然，越年輕也的確越會使用創意工具。

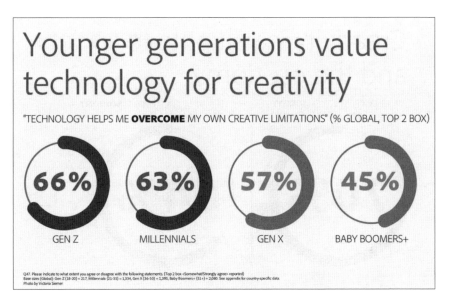

Images Source:《State of Create 2016》Adobe創意價值調查，頁13。

一、德美不愧是專利大國，重視創意成為社會風氣

德國與美國作爲多年來最多專利申請數量的國家一、二名（中國近年追上），果不其然有超過八成的人認爲創意對於社會經濟層面有幫助；也認爲創意將會使老闆、員工、家人表現得更好（家人是指相處，眞的是指相處）。不過，雖然創意被視爲是重要的社會價值，並不代表政府與教育對於創意的重視就受到肯定，跟多數人的印象一致，教育場域多被認爲是扼殺創意之處，畢竟世界變得太快，過往配合工業生產製造的教育體制趕不上網路時代的創新以及扁平化組織型態與去中心化思維，的確顯得不合時宜，更有高達74%的法國人認爲教育體制對於創意的指導是失敗的。假如報告中這些時常成爲我們學習的先進國家都有教育扼殺創意的概念，台灣再不認眞改善教育環境，已經留不住人就算了，未來人才的養成更將成爲問題。

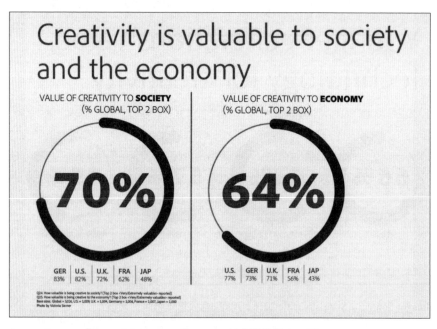

Images Source:《State of Create 2016》Adobe創意價值調查，頁9。

二、創意的商業價值與應用得到普遍認同

企業已然同意創意能帶來創新（83%）、顧客滿意度（80%）以及競爭力（79%），同時也能提升顧客體驗（78%）、帶來財務效果（73%）、增加員工生產力（78%）與快樂程度（76%），創意工作者除了對於工作的滿意度更高、更開心（53%），也的確薪資高了13%。

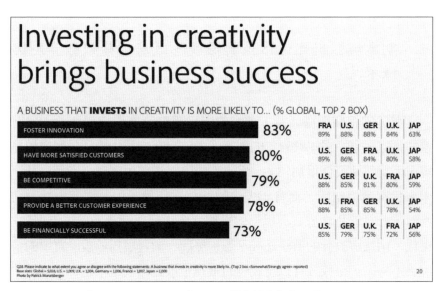

Images Source:《State of Create 2016》Adobe創意價值調查，頁20。

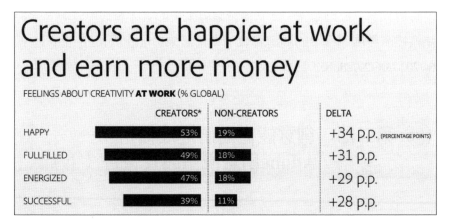

Images Source:《State of Create 2016》Adobe創意價值調查，頁16。

三、創意與設計已滲入商業環境，政府與學校教育則仍嫌不足

上述的相關數據而言，創意的確已受到商業環境與社會大眾普遍的肯定，老一輩同意青年的創意能力，也在商業中看到具體價值呈現，而雖然薪資僅增加13%，但隨著知識經濟與內容產業產值提升，未來仍有發展空間，而青年人也瞭解創意作為一種關鍵競爭能力與特質，乃至於生活方式與風格的重要性，從嬰兒潮走過千禧年來到Z世代，創意與設計的價值終被承認。然而，消費者對於設計買單的情況仍不夠高，學校教育以及政府的重視也被認為普遍不足，相較於快速變動的商業環境，政府、學校等社會體制未能跟上科技社會的變動速度也因此影響了創意的發展，也可因此看出，哪個國家率先在體制創新與改進上取得領先，就有機會掌握未來的人才育成與資源，掌握知識經濟發展過程中的關鍵資源（本章節來自http://group.dailyview.tw/2017/06/27/adobe）。

第二節 創意能從價值變成價格——Adobe創意價值調查報告（下）

數位經濟與知識經濟的浪潮中，隨著行動聯網裝置與基礎設備的普及，文化創意內容的角色漸趨重要，內容產業在2013年全球的產值便已高達兩兆，包含電影、新聞與雜誌、廣告、書籍、表演藝術、遊戲、音樂等十一項，近年的直播與串流加入戰局後，勢必讓文創內容產值再次提升，也讓設計與創意更顯重要，也可遇見創意相關產業的

榮景。Adobe訪查了英、美、法、德、日五個經濟與創意大國，製作了
創意調查以及創意價值報告，試圖描繪知識經濟與創新大國的創意現
況，也證實了創意能夠帶來產值、產品、產業工作者各項數值的全面
提升〔創意能從價值變成價格——Adobe創意價值調查報告（上）〕。
在瞭解創意的價值得到普遍認可後，我們進一步看看創意工作者與設
計師的發展趨勢。

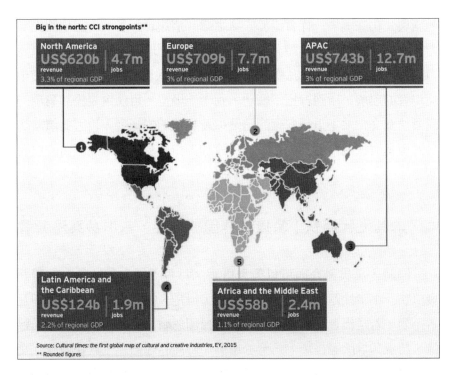

Images Source: EYCulturalTimes2015.

　　行動裝置與軟體內容等的快速發展，帶動設計人才的需求成長，
設計師的面向與種類也快速開展，地位提升，而其中最被大家重視的
便是UX/UI人才（也讓這兩個詞非常氾濫），高達27%的設計師認為自

己應該加強UX/UI技能，App開發則有16%，數位敘事能力則爲11%。

一、能力之外，文化底蘊才是決勝關鍵

數位經濟帶動的內容與介面革新，的確讓創意與設計更顯重要，但就像台灣一直討論甚至爲人詬病的文創產業總是流於有創無文的狀況一般，設計師與創意工作者縱然有上述的各項設計能力卻沒有人文內涵與文化底蘊，一樣會流於匠氣之輩（這還算好了），三項關鍵能力中，大家偏重能夠具體呈現的hard skill無可厚非，但第三項敘事能力的背後其實是由文化底蘊來支撐，而好的UX也必然來自對於該文化使用者的理解，所謂練招不練功，到老一場空，目前重視設計獎項的商業速食文化並不重視底蘊的培養以及基本功的練習，也因此讓無法具體衡量與快速培養的內功，成爲設計工作者及創意產品服務的決勝關鍵。

二、工具迭代過快！掌握工具固然重要，基本功更得紮實

同時，工具與介面可以天天更新、月月不同，就像獵豹軟體開發口訣「小步快跑，週週迭代」一樣，但是人的認知習慣與結構卻亙古不變，若是僅專注於工具的使用掌握卻忽略了基本功夫如色彩、線條、語意、排版等技巧，乃至於趨勢、時尚的琢磨，工具快速迭代交替，設計工作者將難以跟上，產品風潮更迭不斷，創意與創新競爭力也將無以爲繼。

三、有了基本功與文化底蘊，就能拼湊出自己的獨特產品

硬體產業中，日本大廠衰微與韓國崛起讓我們見識了應變能力的重要性；內容產業中，韓國結合日本、台港、歐美的明星娛樂文化與影音內容口味，拼湊出一系列由動感舞曲引領的明星IP，本屬於歐美的舞曲風格在亞洲透過解構與重新拼湊，打造了獨一無二的韓國娛樂產業，除了深厚文化底蘊與基本功，韓國被中、日、美三方文化影響的歷史反倒成為拼湊三方特色的關鍵能力，善用文化底蘊以及面對現實的應對能力，讓韓國打造出有自己風格的娛樂內容並一支獨秀的行銷第三大市場。

四、強者更強，弱者更弱！人才中沒有中產階級

由於數位工具的出現，設計人才得以倍速、倍增自己的產出，也因此讓人才能力差異擴大，一位諸葛亮可因此比得上20位臭皮匠，也將讓人才菁英主義盛行，要想擁有競爭力，除了前述的UX/UI、App、敘事等硬功夫，文化底蘊、解構與拼湊的跨領域組織能力也將更顯重要，只可惜製造業作為產業核心的台灣，社經與政策思維也停留在製造業，配合黨派政治與選舉考量，短時間內恐怕不會有大量的創意內容以及跨領域人才培育投資，所幸現在畢竟是網路時代，去中心化的性質也將發揮在人才的教育與培養身上，要保有競爭力可不能再靠體制與結構，單純的炫技也遲早會被AI與機器人取代，只有靠自己不斷學習，不斷學習跨領域整合與人際協作能力，打造複雜問題解決能力，才不會被AI取代，創意與設計仍有大好未來，只是還得胼手胝足的自己打造（本章節來自http://group.dailyview.tw/2017/06/27/adobe）。

創意的保護原則

- 著作的原創性
- 創意產業的保護
- 著作權的基本概念

微軟永遠離破產只有十八個月。

——微軟公司總裁比爾·蓋茲

第一節　著作的原創性

　　關於「著作」之定義，著作權法第3條第一項第一款規定：「指屬於文學、科學、藝術或其他學術範圍之創作。」然著作權法對於何謂「創作」，並無進一步定義，僅於第7條之編輯著作定義中，約略看出端倪。該條第一項稱：「就資料之選擇及編排具有創作性者為編輯著作，以獨立之著作保護之。」從而，「就資料之選擇及編排」有無「創作性」，乃為能否成為「編輯著作」之要件。實務上，法院於判定是否為「著作」時，常以「原創性」之有無為依據，並將「原創性」再區隔為「原始性」及「創作性」，此或係受到美國著作權法第101條定義original works中之original用語之影響。然而，美國著作權法之original works，係指只有「非抄襲而來之著作」或「獨立創作之著作」，才能受著作權法保護，並非將original列為works之要件。也就是說，依據美國著作權法，即使是符合works之標的，如果是抄襲而來的，不是original works，仍然無法受著作權法保護。其實，有「創作性」的智慧成果，可能是獨立創作，也可能是抄襲而來之創作，都是著作權法所稱之「著作」，美國著作權法因為英美法系之案例法（case law）或習慣法（common law）體系之下，基於衡平法（equity）原則，不乾淨的手不能受到法律保護，所以，法律不該保護抄襲而來之創作，故必須明文強調，original works 才能受到美國著作權法之保護。

　　相對於美國著作權法，我國著作權法僅以「創作」或「創作性」

爲判定是否爲「著作」之依據，不以衡平法原則排斥抄襲而來之創作，不因其抄襲而使其不受著作權法保護，讓創作歸著作權法保護，抄襲依著作權法承擔侵權責任，兩不相妨。於此情形下，法院若仍以「原創性」之有無，作爲是否爲「著作」之認定依據，等於是強將「原始性」列爲「創作性」有無之要素之一來判斷，並非妥適。法院對於「原創性」之判斷要素，主要包括：(1)是否係獨立創作完成，而非抄襲自他人著作者；(2)是否爲自然人之精神創作，而非其他動物之智慧成果；(3)是否足以表現著作人之個性或獨特性。學理上，就將第一個要素稱爲「原始性」，後面兩個要素稱爲「創作性」。

著作權法之「原創性」，不似專利法要求之「新穎性」，「原創性」不必達「前無古人」之必要程度，但至少必須具有微量創意。簡單說，就是你做或我做，多少必然都會不一樣，而不會完全一樣，而這差異之間，創作性就在其中。如果你做或我做，最後的表達必然都一樣，那就不具「原創性」，無法受到著作權法保護。不過，我國法院對於「原創性」有無之判斷，常會因刑事案件或民事案件而有不同標準。在刑事案件，爲避免被告未授權之利用而罹犯刑章，法院多採較嚴格之標準，盡可能讓著作不受著作權法保護，以有利於被告；如屬民事案件，法院無此壓力，就會較爲寬鬆，讓著作容易受著作權法保護。這些現象與趨勢屢見不鮮，也是各方所無法想像之事實。

第二節　創意產業的保護

智慧財產法的出現，從人類活動的軌跡來觀察，相當的晚。它所考量的重心，是爲了促進人類社會的進步，提升人類生活的品質，同時擴增人類生活的全體福利。也就是說，將人類的創意活動所產生出來的「結晶」，儘量地擴大它的正面效果。簡單的說，人類創意活動

的「果實」能夠具體的讓人類全體分享。智慧財產法制之建立，它所考量到的範疇是涵蓋所有人類的「創意活動」（creativity activity）光譜的全部。如果要加以列舉，大致包括：文學、視覺藝術、音樂、舞蹈表演、戲劇、電腦程式、電子、機械、化學、產品設計、植物新品種、半導體電路設計、實用資訊之編整、生物科技、人類識別表徵以及交易識交易記號等等。

　　智慧財產相關的活動在全世界各地，無論是開發中國家也好，抑或是已開發國家也好，均被密集地受到重視，甚至形成一個正在成長的發光且發亮的產業。同時，各國也逐漸自1970年代開始重視著作權、專利、商標、營業秘密等相關領域的法制規商的建立。這當然是導因於1970年代開始的一連串之經濟事件，進而引發專利權主要法制活動的啟示。例如：1973年的法源危機以及層出不窮的智慧財產方面的訴訟糾紛，使得單一的事件從各國的國內層面擴大到國際層面。比較顯著的有1976年的美國著作權法的全面性翻修，以及國際社會所重視的「專利合作條約」（Patent Cooperation Treaty）的簽訂和「歐洲專利公約」（European Patent Convention）的形成，再加上中國大陸以及其他區域的新興市場的打開。

　　這些都顯示了有關智慧財產的創意活動及法制規範即將掀起一番風起雲湧的蓬勃發展。更重要的是相關智慧財產的規範亦自然是受到空前未有的挑戰。這些智慧財產權保護方面的「創意活動」較以往任何一個時期都要來得更為熱烈，也在國際社會中掀起了巨大的回響。除了上述的這些戲劇化的事件或活動的進行，提高了國際社會中各國對於智慧財產法制規範建立的關切，這並不令人驚訝，惟仍有其正面價值的意義。在今天來看，任何一個時期都要更重視人類創意活動的「心智產品」（products of the mind）——美學藝術、技術結構及組織釋析，都是人類的最有價值的「資產」（assets）。

【舉例】

　　在創意價值的產業實現過程中，必須保證這種實現過程本身不受到任何個人、團體、機構等的不法侵害，對於相關侵害也必須擁有依法予以嚴懲的能力，而這些捨法律的授權外，別無他途。創意唯有能夠轉化為具體而微的智慧財產權，並在諸如「著作權法」等相關法律法規的保護下，創意價值的發掘和實現才能順利而深入地進行下去。需要指出的是，諸如「著作權法」、「智慧財產權保護條例」等法律法規的制定，也有其一定的時代背景與具體考慮，在為形成智慧財產權的創意提供法律保護方面，隨著形勢的發展，可能會存在一些覆蓋面和保護力度方面的不足。對此，一方面要綜合採用多種保護措施，包括技術措施、市場措施，以配合法律保護的進行；另一方面，要積極取得相關政府主管部門的配合，以便及時採取各種措施，加以彌補。

　　創意首先透過版權等智慧財產權形式具有了堅固的外殼，但透過外殼，裡面是否能孵出小雞來，則取決於其內容性質與特點。也就是說，創意的產業化能否順利進行，創意本身的性質及特點，也具有十分重要的作用。很多時候，一個很好的、取得法律保護的創意，恰恰因為缺乏可以進行產業化開發的合適屬性與內容特點，而在剛剛開始的產業化之路上被淘汰。我國的實用科學技術、版權資源等智力成果整體而言其利用程度較低，科研成果轉化率一直徘徊不前，不能說與相關創意的自身特點及屬性不適合產業化開發有相當的關係。創意在解決了以上幾個問題後，就進入了產業化的快車道。然而，產業鏈本身是否存在上下游不夠銜接、整體功能不夠完善、鏈條嵌合體系不夠

完整、商業模式不符合市場特點與情況等問題，都需要細加分析。事實上，無論在國內還是在國外，相關創意產業鏈都沒有十全十美、毫無瑕疵的，其在功能構建、產業協作、服務體系完善、人才培養、版權（智慧財產權）經紀、衍生開發等方面都或多或少存在一些問題。如何既能充分利用現有產業化條件進行創意價值的開發，推動創意價值的實現，同時又能因勢利導促進相關產業化手段及環節漏洞的彌補，也是擺在我們面前的一個重大而嚴峻的課題。

第三節　著作權的基本概念

一、何謂智慧財產權？著作權與智慧財產權有何區別？

依據1967年「成立世界智慧財產權組織公約」的規定，智慧財產權包括：

1.文學、藝術及科學之著作。

2.演藝人員之演出、錄音物以及廣播。

3.人類之任何發明。

4.科學上之發現。

5.產業上之新型及新式樣。

6.製造標章、商業標章及服務標章，以及商業名稱與營業標記。

7.不公平競爭之防止。

8.其他在產業、科學、文學及藝術領域中，由精神活動所產生之權利。

因此，所謂「智慧財產權」，可說是各國法律為了保護人類精神

活動成果，而創設各種權益或保護規定的統稱。因為這些權利都是法律所創設出來「無形」的權益，一般也會稱為「無形財產權」或「無體財產權」。

目前我國保護智慧財產權的法律包括：專利法（發明、新型、新式樣）、商標法（商標、證明標章、團體標章、產地標示等）、著作權法（著作人格權、著作財產權）、營業秘密法、積體電路電路布局保護法、植物品種及種苗法、公平交易法（不公平競爭的部分）。自1990年代迄今為止，我國為了加入世界貿易組織，智慧財產權法律為符合「與貿易有關之智慧財產權協定」（TRIPS）的規範，經過幾次重大修正及立法，大致上已符合TRIPS對於WTO會員國所要求之智慧財產權保障的條約義務，對智慧財產權的保護相當完整。

一般校園中常見的智慧財產權，例如：學校教授在實驗的過程中，發現一種新的材料，可提升太陽能電池的蓄電效能，除了有學術上的成就之外，也可以就這個「發明」，向各國政府申請「發明專利權」，若有部分技術沒有申請專利，但有適當的保密，也有可能屬於營業秘密法保護的「營業秘密」；老師上課的授課內容、學生的報告則是屬於「著作」，於創作完成時起就受著作權法保護；個人電腦在執行操作系統或應用軟體所顯示的Microsoft、Apple、Java等字樣，則是受到商標法保護的「商標權」，一般看到會在商標文字或圖樣右上方標示®的字樣，就是說明這個商標是已註冊（registered）；若是農學院的系所培育出新的水果或糧食的品種，則可對其命名並申請品種權，還可能取得種苗權，可以出售種苗來獲利。隨著學校、政府與產業間的互動日益頻繁，許多校園都會安排智慧財產權相關的講題，讓教職員生更能掌握智慧財產權的概念。

至於著作權，則屬於前述「成立世界智慧財產權組織公約」中所提到的「文學、藝術及科學之著作」及「演藝人員之演出、錄音物以及廣播」的部分，也就是智慧財產權的其中一種。依據我國著作權

法的定義，著作權是指因著作完成所生之著作人格權（包括公開發表權、姓名表示權及禁止不當修改權等三種權利）及著作財產權（包括重製權、公開口述權、公開播送權、公開傳輸、公開上映權、公開演出權、公開展示權、散布權、改作權、編輯權及出租權等）。而「著作」則是指屬於文學、科學、藝術或其他學術範圍之創作。我們可以說「著作權」是智慧財產權領域中，用以保護「文藝性」創作或者是文化創作的主要方式，也是著作權與其他智慧財產權不同之處。舉例來說，一種符合人體功學的電腦，由於是屬於「實用性」的精神創作，不是「文藝性」的，因此，不會以著作權來保護，比較適合的方式是以「專利權」的方式來保護；而張大千先生的水墨畫、張愛玲女士的小說等文藝性質濃厚的創作，就會以著作權來保護。

一般常見的著作包括：詩詞、散文、演講（語文著作）、詞、曲（音樂著作）、漫畫、水彩畫、油畫（美術著作）、地圖、工程圖（圖形著作）、電影、動畫（視聽著作）、戲劇、舞蹈著作、錄音著作、建築著作、電腦程式著作及表演等。在校園中，著作權更是行政、教學及研究活動關係最密切的智慧財產權。例如：行政人員使用電腦軟體，必須取得合法的授權；老師的上課內容若引用他人著作，須符合合理使用的規定；老師或學生的授課或報告內容，則屬於著作權法保護的「語文著作」；學校發行各種學術期刊，必須要將作者的著作授權處理妥當；圖書館採購資料庫或進行數位化，更與著作權息息相關。

總體來說，智慧財產權是國家對於人類精神活動成果保護的權益總稱，但我國法律中並沒有一部法律叫「智慧財產權法」，而是由專利法、商標法、著作權法、營業秘密法等法律分別就不同的智慧財產權加以保護；而著作權是智慧財產權的一種，屬於智慧財產權中對於「文藝性」或「文化層面」精神活動成果的保護，是與人民日常生活關係最密切的智慧財產權。

二、著作權保護的要件為何？是不是所有文藝的創作都受著作權法保護？

依照著作權法第3條第一項第一款規定，所謂「著作」，指屬於文學、科學、藝術或其他學術範圍之創作。由此可知，一件作品受到著作權保護的首要條件必須是「創作」，並且該創作「屬於文學、科學、藝術或其他學術範圍」。解釋上，對於作品是否受著作權保護的判斷標準大致可歸納為「四必一沒有」五項要件。

所謂「四必」，是四個必備要件：

第一，必須是人類精神力作用的成果。

著作權法的保護對象是人類精神文明的智慧成果，因此必須是有人類精神力灌注其中所完成的作品才受保護，否則即不成為「創作」。若使用工具器械輔助完成創作，例如運用數位繪圖軟體Maya製作影效動畫，因整部作品的成敗關鍵在於人以創意架構故事、設定角色場景、填實劇情，乃至靈活運用表現手法展現說故事功力等，則縱使軟體功能強大，仍只居於輔助儲存展示文字圖形的工具地位，該作品即屬人類精神作用所完成的創作。反之，如軟體整篇翻譯的文章、測速器自動攝影的照片等，均非創作。這項要件設定不僅表徵「我國著作權法所保護的『創作』，必須是本質上具有文化內蘊的人類智慧結晶」，在器械輔助與自動化生產界線模糊的現代，也是用以排除機器自動製品的重要判斷標準。

第二，必須經由「表達」而外顯。

著作權法第10條之1規定：「依本法取得之著作權，其保護僅及於該著作之表達，而不及於其所表達之思想、程序、製程、系統、操作方法、概念、原理、發現。」明確界限了著作權在保護對象上的效力射程。此「保護表達，不保護思想」概念具有雙重意涵：首先，創作

的結果必須以客觀化之表達形諸於外，而能為人類感官所能感受得知其內容者，才給予保護；至於仍停留在抽象思想階段，例如，某位教授構思撰寫《普通物理學》一書，內容大綱如何架構安排、其中某段文字將論述闡釋其某項理論上的重大突破云云，但都僅止於發想未曾口述或撰文分享人知，則是不受保護的。再者，受著作權保護的對象僅限於已經客觀化的表達本身，而不及於藉由表達所傳達的思想。以「普通物理學」教科書為例，受保護的對象是作者以文字闡述物理學知識的方式所完成的語言著作，而不及於其所傳達的牛頓運動定律、愛因斯坦相對論等思想內涵。畢竟，著作權立法最重要的目的，是藉由提供一定程度的保護，鼓勵知識持有者分享所知，讓更多人有機會站上巨人肩膀看看遠方，推促社會文化持續發展前進。

第三，必須獨立創作且具有創作性。

「獨立創作」（independent creation）著重作品由著作人自行完成，只要非抄襲或複製他人既有著作即可，並不要求新穎性。因此，若不同作者個別獨立完成相似度極高或雷同的作品，因兩者均為獨立創作，故皆屬受著作權法保護之著作。而「創作性」依「美學不歧視原則」，不得將著作品質列入考量，因此，只要具有最低程度的創意，可認為作者的精神作用已達到相當程度，足以表現其個性或獨特性，即可給予保護。採取低度標準，意在尊重不同獨立個體的美感差異，以自我克制的開放態度為各種可能性保留最大發展空間。若忘了這一點，任誰都可能成為電影《魯冰花》中的鄉長、校長或老師，以傲慢的無知埋葬一個又一個天才畫家古阿明。不過，若精神創作程度實在太低，令人難以識別作者個性，例如，簡單的狀紙或商業書信等固定格式，或一般常用書名如「普通物理學」、常用新聞標題如「中颱碧利斯襲台 明起連續豪雨」等，則無保護之必要。

第四，必須屬於文學、科學、藝術或其他學術範圍。

此要件是相對於實用性，強調創作必須具有「文藝性」（而非

「學術性」）；換言之，是否具應用價值在所不論。因而機器等實用物品的技術性創新或具有創作性質者，例如，一支設計精美的手機，只可被認定爲新式樣而劃歸專利法保護，但非屬此文學、科學、藝術或學術之範圍；惟其製作技術或設計圖樣若以文字或圖形具體表達者，該表達方式本身仍可能受著作權保護，但不包括所蘊含之技術思想。

原則上，符合前述四要件即爲我國著作權法所保護的著作，但基於便利公眾使用及資訊流通等公益考量，立法者又另以著作權法第9條將下列原屬符合要件的作品排除於著作權保護範圍之外：

1. 憲法、法律、命令或公文。此處的公文包括公務員於職務上草擬之文告、講稿、新聞稿及其他文書。
2. 中央或地方機關就前款憲法、法律、命令或公文等著作所作成的翻譯物或編輯物。
3. 標語及通用的符號、名詞、公式、數表、表格、簿冊或時曆。
4. 單純爲傳達事實之新聞報導所作成的語文著作。
5. 依法令舉行的各類考試試題及其備用試題。

因此，所謂「一沒有」，就是不可以是著作權法第9條明文規定不保護的標的。判斷一件作品是否受著作權保護，除了檢視前述四項要件外，還必須非屬本法第9條排除保護的範圍。

三、新聞報導有受到著作權法保護嗎？

網際網路時代許多人獲取新聞資訊的方式，已由傳統的閱報、看電視，轉爲連上各大新聞網站或是Yahoo!奇摩新聞，瀏覽當天各大報或新聞電視台的重要新聞。許多學校單位的同仁認爲新聞並不受著作權法保護，爲了豐富網站的內容，也會固定將新聞網站中所刊登相關

的新聞剪貼後，彙整為專題網站的頁面，分享予校內外的使用者，可以一次瀏覽過去相關的新聞報導，十分便利。然而，新聞網站卻多會在網站下方標示「著作權所有，請勿轉載」或更詳細的著作權政策，到底新聞報導是否受著作權法保護？

　　這個問題確實常常困擾許多的民眾，主要原因在於著作權法第9條第一項第四款規定，「單純為傳達事實之新聞報導所作成之語文著作」，不得為著作權保護之標的。許多人直覺就會把「新聞報導」與「不得為著作權保護之標的」連結起來，產生只要是新聞，就不受著作權法保護的概念。然而，實際上法條還有其他兩個限制條件，包括：限於「單純為傳達事實」，且限於以「語文著作」的方式呈現的新聞報導。因此，如果是只就重要新聞的「人」、「事」、「時」、「地」、「物」等事實元素加以報導、說明，並不另作評論，即符合前述第9條規定，屬於單純傳達事實的新聞報導，不得為著作權保護的標的。但若是社論、評論性報導或副刊上所發表的生活、消費新聞，就屬於語文著作而受到著作權法保護。至於若是電視新聞報導，因為並不是以「語文著作」的方式報導，也無法適用本款的規定處理。因此，並非所有的新聞報導都不受著作權保護，在使用新聞報導時，必須要特別注意。

　　至於所謂「單純為傳達事實之新聞報導」，一般通常是指限於乾躁無味（arid）、沒有個性（impersonal）的新聞文字。例如：報紙報導旅美球星王建民代表洋基隊先發出賽，主投幾局、面對幾人次、投幾顆球、幾顆好球、幾顆壞球、被打幾支安打、幾次三振、幾次四壞球等，就是單純為傳達事實之新聞報導，任何人無須得到任何授權即可任意利用。但是，若是體育新聞的記者對於某一場球賽球員表現的評論，例如：王建民這一場表現的如何、控球如何、面對打者的態度如何等，則非單純為傳達事實之新聞報導。

　　就個人對國內新聞媒體運作的觀察，由於多數記者在撰文時，

多半夾議（自己的見解）夾敘（事實描述），以增加新聞報導的可看性。因此，可以說國內多數的新聞報導都受著作權法保護。千萬不要認為只要是報紙新聞都不受著作權法保護，均可任意張貼於網站或大量轉寄予朋友，還是有可能會侵害著作權喔！至於新聞的標題是否受著作權法保護的問題，個人認為原則上新聞標題應不受著作權法保護。有些新聞報導本身可以引用本款規定，自然新聞標題也不可能受到著作權法保護，例如：「納莉颱風襲台」、「中華大勝日本」、「匯市收盤 新台幣大貶1.27角」等，只是單純傳達事實，不受著作權法保護；有些情形則因新聞標題通常很短，可以以新聞標題不具有著作權法所要求的「創作性」作為不予保護的理由。例如：「侯文詠的點滴城市——閒散的夢」、「軍隊戰力向下沉淪 法國自廢武功 彷彿歐洲睡獅」等，雖然標題非常特殊，但亦不應透過著作權法保護。不過，若是相互競爭的新聞業者或以新聞作為內容營利服務者，任意以競爭業者新聞報導的標題設置連結，提供其使用者新聞內容服務，則仍有可能構成公平交易法的違反。

於前述提到許多校園的網站，例如：教授或研究生所自行架置的專題網站，常常會將與其研究相關的新聞報導張貼在網站上，因為許多新聞報導可能受到著作權法保護，這樣的利用行為可能會涉及「重製權」及「公開傳輸權」的侵害，建議若有需要時，可以設置超連結並說明其出處（刊登的新聞媒體、時間、版面等）的方式處理即可，即使事實新聞媒體業者移除該新聞報導的網頁，其他使用者還是可以在圖書館或新聞媒體業者的資料庫中查詢，對於學術研究仍然有相當大的助益。

四、外國人的著作，在台灣也受到保護嗎？

過去常常聽人家說，用CD-R燒錄日劇或是日本電玩遊戲光碟，甚

至是買盜版的日本電影都沒有關係，因為日本跟我們沒有邦交，日本人的著作權在台灣不受保護，不會有違反著作權法的責任，這是真的嗎？到底外國人的著作在台灣會不會受到著作權法保護？

　　我國著作權法對於外國人著作的保護，採取兩個原則，一是「首次發行原則」，另一個是「互惠原則」。所謂「首次發行原則」，就是指外國人的著作，是在台灣地區首次發行（例如日本電影廠商拍攝的電影，沒有在日本、美國上映，而先在台灣上映），或是外國人的著作在台灣以外的地區首次發行後三十日內在台灣發行（例如日本光榮公司出品的三國志系列遊戲，在日本首次發行後三十日內，進口一定數量到台灣的店面販售），但這必須是這個外國人所屬的國家，也對台灣人民的著作在同樣的條件下予以保護。至於「互惠原則」，則是指外國與台灣簽署條約、協定或依該國家的法令、慣例，台灣人民的著作可以在這個外國人所屬的國家享有著作權的情形，我國著作權法也會基於平等互惠的原則，給予這個國家國民的著作法律的保護（符合互惠原則時候，外國人著作不需要在台灣發行，一樣受到保護）。

　　此外，台灣與美國簽署的「北美事務協調委員會與美國在台協會著作權保護協定」（一般也稱「台美著作權協定」），其中有規範到「受保護人」的情形，也可能擴及美國人以外的外國人（例如美國人以外之人在美國首次發行著作、美國公司所控制之外國子公司的著作等）。至於中國大陸、香港及澳門地區人民的著作，則並不以外國人的方式處理，而是另外以「台灣地區與大陸地區人民關係條例」及「香港澳門關係條例」加以處理，基本上可以說都受我國著作權法保護。

　　前述著作權法規定，事實上與其他國家的立法例相似，並沒有保護特別不足的情形，但由於台灣的國際地位特殊，因此，在我國未加入世界貿易組織（WTO）之前，依據互惠原則只有美國、紐西蘭、

英國、瑞士四個國家全面性互惠；西班牙、大韓民國兩個國家部分性（僑民的部分）互惠，加上台美著作權協定所擴張保護的外國人，以及首次在台灣發行或首次發行後三十日內在台灣發行的著作，才受到我國著作權法保護。因此，若是日本公司在日本發行的日劇或電玩遊戲光碟，若沒有在發行後三十日內進口一定數量到台灣銷售，則確實在未加入WTO之前，沒有受到我國著作權法保護。

然而，台灣自91年1月1日加入WTO後，必須遵守「與貿易有關之智慧財產權協定（TRIPS）」之規定。TRIPS要求各會員國必須保護其他所有會員國國民著作，因此，依據著作權法第4條第二款規定（即前述提到的「互惠原則」），我國將依國民待遇原則保護WTO所有會員國國民之著作。由於日本也是WTO會員國，因此，目前日本公司所發行的日劇或電玩遊戲，即使沒有在台灣發行，一樣還是受到我國著作權法的保護，千萬不要再有日本人的著作不受保護的錯誤觀念。事實上，由於WTO會員國多達一百五十餘國，因此，世界上大部分國家國民的著作，在台灣都受到保護。而且，我國加入WTO時是承諾回溯保護原來不受保護的外國人著作（著作權法第106條之1），因此，在加入WTO後，原本不受保護的外國人著作，例如：日本公司在91年1月1日之前發行的日劇或電玩遊戲，只要依據我國著作權法計算仍在保護期間內，就回溯適用，直接受我國著作權法保護。

五、沒有在著作上標示作者姓名，是不是就不受著作權法保護？

許多人都知道若利用他人的著作，要在利用時以適當的方式標明作者姓名及出處，但是，萬一不知道作者姓名怎麼辦？許多網路上的文章，常常沒有標示作者是誰，別人就算要利用，也無法標示作者姓名，是不是只要作者在發表的時候，沒有標示作者的姓名，就表示作

者其實沒有想要受到著作權法保護，著作權法也不保護這些沒有標示作者姓名的著作呢？

　　這個問題的答案是：沒有標示作者姓名的著作，一樣受到著作權法的保護。這是因爲著作權法有關於著作權保護的要件，只要求必須是文藝性質的作品、有一定具體的表達、具有原創性、創作性，而且不是法律規定不予保護的標的就夠了（請參考前述有關著作權保護要件的說明），並沒有要求著作在發表時必須要標示作者的姓名，因此，即使是沒有標示作者姓名的著作，一樣受到著作權法保護。

　　然而，若是著作在發表時，沒有標示作者姓名，很可能會引起誰是著作權人的爭議，例如：在國內知名的〈綠島小夜曲〉，就曾有綠島監獄的受刑人表示他才是眞正的作詞人，然而，並沒有證據可以證明。而著作權法對於未標示作者姓名的著作，在著作權法第32條也特別規定：「別名著作或不具名著作之著作財產權，存續至著作公開發表後五十年。但可證明其著作人死亡已逾五十年者，其著作財產權消滅。前項規定，於著作人之別名爲眾所周知者，不適用之（第二項）。」也就是說，如果沒有標示作者姓名（或是以他人所不知的別名發表）的著作，著作財產權的保護期間，並不是著作人終身加計五十年，而是自公開發表後五十年。因此，若是創作者希望著作受保護的期間可以比較久的話，著作發表時要記得標示自己的姓名喔！

　　此外，著作權法第13條規定：「在著作之原件或其已發行之重製物上，或將著作公開發表時，以通常之方法表示著作人之本名或眾所周知之別名者，推定爲該著作之著作人。前項規定，於著作發行日期、地點及著作財產權人之推定，準用之。」對於在著作上標示姓名的人（本名或眾所周知的別名），就推定是著作人及著作財產權人，萬一自己的著作發表時沒有標示姓名，或以網路上並非眾所周知的ID或匿稱發表，就無法享受到推定的效果。若是事後產生著作權的爭議（例如有人侵害著作權或甚至他人剽竊作爲自己的作品發表），反而

別人可利用本條的規定享有「推定」的效果，到時候要證明自己是著作權人就很困難了。

　　因此，我們可以這麼說，若是著作在發表時，沒有標示作者的姓名，還是受到著作權法保護，但是，這樣的保護是比較不安全的，容易引起爭執，而且保護的期間也比較短。若是有可能的話，著作還是儘量用自己的本名發表，才能受到法律最完整的保護。

六、著作權法所保護的著作包括哪些種類？

　　我國著作權法所稱的「著作」，是指屬於文學、科學、藝術或其他學術範圍的創作。因此，凡符合前述所說明的保護要件者，均為著作權法所保護的著作，並不限於著作權法第5條至第7條之1所規定的各種著作類型。不過，這些例示著作仍具一定分類上的意義，並且也便於一般人理解認識，因此仍依規範順序介紹如下：

(一)語文著作

　　包括詩、詞、散文、小說、劇本、學術論述與演講等，以數位（如純文字檔、圖檔）或類比（如錄音檔案）方式存在者，亦同。如張愛玲短文〈我的天才夢〉、小說《半生緣》、話劇劇本《傾城之戀》等均屬語文著作，無論以手稿、印刷書或者電子檔的形式存在，都不會因為儲存媒介的改變而被歸類為電腦程式或其他著作類型。

(二)音樂著作

　　包括曲譜、歌詞等。這裡的曲包括節奏、旋律、和聲等構成音樂的成分。以台語民謠〈望春風〉為例，由李臨秋作詞、鄧雨賢作曲的

詞曲部分為音樂著作；但演唱者演唱詞曲內容，由唱片公司錄製成錄音帶、CD、MP3等，則為錄音著作而非音樂著作。

(三)戲劇、舞蹈著作

戲劇著作是指由演員透過身體動作的詮釋，將特定劇情表演出來的著作；舞蹈著作則是舞者以身體做成的一系列有韻律感的動作，通常配合音樂演出。由於兩者差異有限，故統稱戲劇、舞蹈著作，包括舞蹈、默劇、歌劇、話劇等。如表演工作坊在國家戲劇院演出《這一夜，誰來說相聲？》、雲門舞集《紅樓夢》台北戶外公演等。

(四)美術著作

包括繪畫、版畫、漫畫、連環圖（卡通）、素描、法書（書法）、字型繪畫、雕塑、美術工藝品等，如朱銘《太極》系列雕塑、彎彎MSN表情符號等。

(五)攝影著作

包括照片、幻燈片及其他以攝影之製作方法所創作的著作。如郎靜山《祖國山河》系列歷史影像、鄧南光攝影作品等，均屬在取景、角度、效果上具有高度創作性而受保護之著作。

(六)圖形著作

包括地圖、圖表、科技或工程設計圖及其他屬於技術應用方面的工具性圖形。圖形著作的製作目的是用以表現特定事物，而非強調其藝術價值，通常會依據一定標準繪製以利判讀。

(七)視聽著作

　　包括電影、錄影、碟影、電腦螢幕上顯示之影像及其他藉機械或設備表現系列影像，不論有無附隨聲音而能附著於任何媒介物上之著作。視聽著作與攝影、美術著作最大的區別在於其「必須連續性地表現系列影像」。故將同一次出遊的幻燈片一張張播放仍屬攝影著作，而以V8拍攝出遊內容則是視聽著作。

(八)錄音著作

　　包括任何藉機械或設備表現系列聲音而能附著於任何媒介物上之著作，但附隨於視聽著作的聲音不屬之。錄音著作在部分國家是以「著作鄰接權」的方式保護，在我國則是以一般著作型態受到保護，故只要所錄製的內容符合著作權保護要件，即受著作權法保護。

(九)建築著作

　　包括建築設計圖、建築模型、建築物等。其特殊之處在於將「建築物」本身也納為保護標的。由於著作權法的保護客體是屬於文化性質的創作，原則上受保護的建築物必須具有一定的創作性，且非以實用性為其主要目的。如中正紀念堂、國家戲劇院、台北101大樓，以及知名小說《達文西密碼》最重要場景——法國羅浮宮拿破崙廣場上華裔建築師貝聿銘設計的玻璃金字塔等。

(十)電腦程式著作

　　包括直接或間接使電腦產生一定結果為目的所組成指令組合之著

作。須特別注意的是，並非所有以電腦執行、展現的著作都是電腦程式著作，例如：在電腦遊戲中使電腦執行該遊戲、呼叫某一圖片、動畫、物件、執行運算等，固然是電腦程式著作，但圖片、動畫、文字本身則分別歸屬於美術、圖形、語文、視聽等著作類型，而非電腦程式著作。

(十一)表演

為因應我國加入WTO，著作權法新增第7條之1對表演的保護規定：「表演人對既有著作或民俗創作之表演，以獨立之著作保護之。表演之保護，對原著作之著作權不生影響。」所謂「表演」，是指對既有著作以演技、舞蹈、歌唱、彈奏樂器或其他方法加以詮釋。表演有時與戲劇、舞蹈著作難以區別，須視實際個案決定。通常對於既有戲劇或舞蹈著作的再次詮釋，由於創作性較低，會歸屬於表演範疇。例如：雲門舞集《薪傳》是具有高度創作性的原創舞蹈著作，若學校老師指導學生模仿演出最後一段〈節慶〉，由於是針對既有舞蹈著作的重新詮釋，即可能屬於「表演」。

(十二)改作（衍生）著作

衍生著作是將原著作另行添加創意，進行改作所得之作品。改作方式很多，包括翻譯、編曲、改寫、拍攝為影片等，但非所有對著作進行改變的改作成果都能成為著作權法保護的「改作著作」，必須改作者對於既有著作所添加的創作程度，已達到著作權法所要求的創作高度，才可受著作權法保護。例如：張愛玲在1943年發表中篇作品《金鎖記》，赴美後以此故事藍本用英文寫成*Pink Tear*；1966年再改寫為長篇小說《怨女》，連載於香港《星島晚報》，各篇不僅篇幅

與使用語文不同，新作內容風格也明顯平淡謙和許多，可認為均是獨立著作而加以保護。反之，若利用全文翻譯軟體英譯《金鎖記》或中譯*Pink Tear*，則縱令譯文極佳，或此種機械性改作所費不貲或耗時甚久，該成果也不會被認為是受保護的衍生著作。

(十三)編輯著作

著作權法第7條第一項規定：「就資料之選擇及編排具有創作性者為編輯著作，以獨立之著作保護之。」由條文規定可知，編輯著作受保護的客體是就資料的「選擇」或「編排」方式具有創作性。以張愛玲短篇小說集《傾城之戀》為例，除所收錄之《傾城之戀》、《金鎖記》、《紅玫瑰與白玫瑰》等中短篇小說為分別獨立受保護之語文著作外，若該選集就資料內容之選擇或編排具有創作性，亦可獨立以編輯著作受到著作權法保護。

七、什麼情形下會構成「抄襲」？

經常聽到有人指稱別人「抄襲」他的著作，侵害他的著作權，也常聽到有人會問，什麼情況下會構成著作的「抄襲」？事實上，著作權法從來沒有使用過「抄襲」這兩個字。一般來說，通常所謂的「著作抄襲」，應該是指構成著作「重製權」或「改作權」的侵害。舉例來說，若是A將B所發表的文章，幾乎原封不動地放到自己發表的新書作為某一個章節，這時候一般會認為A「抄襲」B的文章，在著作權法上則會認為A侵害B文章的「重製權」；若是A利用B所發表的文章，另行改寫成劇本，則一般還是會認為A「抄襲」B的文章，在著作權法上則因為A的改寫動作有獨立的創意，構成「改作」行為，所以，會認為A侵害了B的「改作權」。

　　上述這樣的理解方式，雖然對於學習著作權的人還算容易瞭解，但社會上一般在遇到著作權侵害的問題時，還是比較多單純地以「抄襲」來描述，而為了因應社會上多數人對著作權侵害的理解，司法實務上也發展出來如何進行著作「抄襲」的判斷原則。一般較常引用的判決，是最高法院81年度台上字第3063號判決，其明確指出「認定抄襲之要件有二，即：(1)接觸，(2)實質相似。主張他人之著作係抄襲其著作者，應舉證證明該他人曾接觸被抄襲之著作，構成二著作實質相似。」也就是說，當著作權人要主張他人的著作構成「抄襲」時，必須要符合兩個要件，一個是要證明他人有「接觸」自己的著作，另一個是他人的著作與自己的著作構成「實質相似」。而由於要證明有「接觸」，有時候在雙方當事人過去沒有任何往來的情形，會比較困難，因此，實務上也會透過著作發行的數量、通路、時間、知名度等，推斷有高度接觸的可能性，或是當著作構成「實質相似」時，若被指稱著作侵害的人沒有辦法證明是「獨立創作」的時候，也可推定有「接觸」的可能。

　　目前司法實務對於著作「抄襲」的認定，確實符合人民一般的法律感情，就是如果你要指稱我抄襲你的著作，你要證明我曾經看過或參考（接觸）你的著作，而且兩個人的著作要很像（實質相似），才會構成著作抄襲。然而，在著作權法的法律適用方面，則可以再把上述原則作一些細部的說明如下：

　　第一，著作權法承認「平行創作」的保護。

　　著作權法與專利法不同，承認不同的創作者，若是在「獨立創作」的情形下，偶然創作出非常相似的作品，或是因為參考的素材相同，而創作出非常相似的作品（例如在同一個地點拍照或繪畫、利用同一個屬於公共所有的雕像或畫作進行改作等），這時候因為雙方各自獨立進行創作活動，都是屬於著作權法所鼓勵的促進國家文化發展的活動，因此，即使兩個作品很像，是分別給予兩個不同的獨立的著

作權加以保護，兩個作品間也沒有著作權侵害的問題，一般稱爲「平行創作」的保護。

第二，是否構成「實質近似」必須以作者的「創意活動」之所在爲主要判斷標準。

有時候兩個著作間就其整體看起來「大同小異」，但因爲著作權法保護的是作者的「創作」，所以，若是「大同」的部分，雙方都是參考某一些相同來源的素材，而「小異」的部分，則是雙方各自創意所在，這時候，即使可證明有「接觸」，仍然不會構成「實質近似」。例如：A看到B在植物園寫生的畫作覺得很美，隔天也到植物園去找到同一朵荷花，嘗試在與A的畫作相同的角度作畫，雙方以水彩繪製的荷花外觀看起來很像，A也曾經看過B的畫作，但仔細看則發現因爲A並不是看著B的畫作從事創作，而是自己直接看著現實的荷花進行創作，二者繪製手法亦有所不同，則這樣的差異點正是著作權法保護的創作活動，因此，也不會構成著作權的侵害。

第三，是否有「接觸」在著作權法上僅是用以證明是否屬於「獨立創作」的輔助證據。

若是可以證明有「接觸」或是有相當高接觸的可能性，則被指稱侵害著作權的人，要花更多的努力提供有利的證據，來證明自己是「獨立創作」，並非著作權的侵害。因此，也有許多創作者會儘量避免在很近的時期，創作自己曾經接觸過相同主題或創意的著作，以避免引發不必要的爭議。

第四，著作權法僅保護「表達」，不保護「思想」，若屬於「思想」等抽象事物的相似，並不構成著作權的侵害。

著作權法第10條之1規定：「依本法取得之著作權，其保護僅及於該著作之表達，而不及於其所表達之思想、程序、製程、系統、操作方法、概念、原理、發現。」有許多被指稱「抄襲」的情形，往往只是採用了相同的概念或原理進行創作，或許在學術上可能違反學術

倫理，但未必構成著作權的侵害，這個部分可以一併參考前述「改作（衍生）著作」的說明。

第五，即使證明有「抄襲」，還是要回歸著作權法的規定，認定構成「重製權」或「改作權」的侵害。

理論上，若法院認定構成「抄襲」時，必然有「實質相似」。但「實質相似」還必須區分較後從事創作之人，是否就新的著作，有自己獨立的創作在裡面，如果沒有的話，應該論以「重製權」的侵害；如果有的話，則應該論以「改作權」的侵害。

八、「觀念」的抄襲也違法嗎？

文學、藝術等著作的創作，往往是奠基於整個社會文化發展脈絡，加上個人的巧思創意，而揮灑出令人激賞的文藝作品。歷史上有許多偉大的藝術家及創作，例如：德國知名的音樂家華格納所創作西洋音樂史上最龐大的歌劇作品《尼貝龍根指環》（*Der Ring des Nibelungen*），即是由中世紀德國的民間敘事詩《尼伯龍根之歌》作為其創作的依據；我國著名的藝術家張大千先生，也曾強調其在1940年代長期間赴敦煌臨摹石窟壁畫的經驗，也是其作品為何能以中華文化傳承者享譽全球的原因之一。

正因為如此，文藝作品在創作過程中，觀摩、參考他人既存的作品，乃是在鼓勵創作促進文化發展時，必須要兼顧的基本需求。這樣的需求，反應在著作權法上，包括：著作權法第10條之1，著作權法僅保護具體的表達，不保護抽象的思考，以及著作權法有關合理使用的規定（如第52條有關合理引用他人著作的規定）。因此，這個問題的答案其實很明顯，單純抽象「觀念」、「概念」、「思想」的抄襲，並不構成違反著作權法的行為。

而著作權法第10條之1規定：「依本法取得之著作權，其保護僅

及於該著作之表達，而不及於其所表達之思想、程序、製程、系統、操作方法、概念、原理、發現。」本條主要強調的意義在於著作權法僅保護將作者個人創意具體表現出來的表達，對於表達中所蘊含的思想、概念、原理等，正是著作發表時所欲傳達予閱聽人，而閱聽人除提升自己的文化素養外，更可能轉變為創作者的關鍵。因此，在判斷何為「思想」何為「表達」時，重點還是回到著作表現的形式，是否已足以表現作者個人的創作性，就此一作者個人獨特的創作性的部分，著作權法即予保護，其他的部分，可能是單純的事實、可能是抽象的思想、可能是參考他人的著作，這些都不會是著作權法賦予該作者的保護範圍，以平衡社會上保護著作權人權益，與促進國家文化發展的雙重需求。

九、著作財產權包括哪些權利？

著作財產權就是一個著作具有財產價值的利用權能的集合，最早的著作利用權能，就是「重製權」，這也是為什麼著作權被稱為copyright的原因。隨著科技的進步，著作保護的範圍愈來愈廣，著作被利用的方式愈來愈多樣化，著作財產權的種類也愈來愈多。目前我國著作權法所保護的著作財產權，包括：重製權、改作權、編輯權、出租權、散布權、公開播送權、公開傳輸權、公開口述權（語文著作）、公開上映權（視聽著作）、公開演出權（語文、音樂或戲劇、舞蹈著作、現場表演）、公開展示權（未發行之美術著作或攝影著作）。另外，只有著作權法所明文保護的權利，著作權人才能排除他人的侵害或授權他人利用。若是像圖書館「出借」圖書的行為，因為著作權法並沒有保護「出借權」，因此，著作權人就不能禁止圖書館或任何人出借其所擁有的著作權重製物。

創意原理

(一)重製權

所有可能想像得到的重製行為，幾乎都是著作權法所稱的「重製」。舉例來說，將影星寫真集拿到影印店去印一份是重製，利用掃瞄器掃描至電腦中也是重製，燒錄到光碟片中當然也是重製，而在網路上瀏覽網頁、執行電腦程式（會先載入記憶體——DRAM中，再由CPU進行相關運算），這類暫時性的重製，也都是屬於著作權法上所稱的重製。

(二)改作權

著作權法所稱的改作，是指以翻譯、編曲、改寫、拍攝影片或其他方法就原著作另為創作。例如：《哈利波特》的英文版，翻譯為中文版；金庸的《神鵰俠侶》改拍成電影；將既有的美術圖形以電腦軟體改作為社團海報等，都是改作的行為，要取得原著作權人的同意。

(三)編輯權

編輯權是指著作權人有權決定自己的著作是否要被選擇或編排在他人的編輯著作中。例如：學術期刊其實就是一種編輯著作，就多數專家學者的來稿，透過審查的機制「選擇」適合刊登的稿件，並加以編排後出刊，就是一種編輯行為，需要取得作者的同意。

(四)出租權

出租權是指將著作出租予他人，供他人閱覽、使用等。例如：影音光碟出租店，將電影DVD出租予使用者，使用者在家中播映觀賞。

但若是將出租店租來的DVD在公開場所向公眾播放，就另外涉及「公開上映權」，即使是合法租來的DVD，未經合法授權就做「公開上映」的行為，一樣還是有侵害著作權的問題。

(五)散布權

散布權是指將實體的著作重製物，以移轉所有權的方式，讓與給第三人。例如：在夜市擺攤賣盜版CD的人，因為賣CD會將實體的CD的所有權轉讓予買受人，就是侵害散布權的行為。

(六)公開播送權

公開播送權限於「廣播系統」（broadcast），包括像無線電視台、有線電視、廣播電台、衛星電視台等。若不是屬於「廣播系統」，則不包含在公開播送權的範圍。例如：在學校中利用擴音器將音樂播放予全校師生聆聽，這是屬於音樂著作的「公開演出」，而非公開播送的行為。

(七)公開傳輸權

公開傳輸是指透過網路向公眾提供或傳達著作內容，包括像是將著作放置在網站、FTP、網路芳鄰等特定多數人或不特定多數人可以依其選擇下載的行為。因此，若沒有經過他人同意將他人著作在BBS上張貼、在自己的網站上放置流行音樂的MIDI檔等，都是屬於侵害公開傳輸權的行為。

(八)公開口述權

公開口述主要是處理對公眾進行演講、朗讀等方式,由於只有語文著作能夠進行演講、朗讀等活動。例如:在大禮堂朗誦詩文,即是一種公開口述的行為。

(九)公開上映權

公開上映是指將視聽著作向現場或現場以外之一定場所傳達著作內容。例如:在電影院播電影就是公開上映的行為,若是在電影院播電影的同時,透過同步轉播在電影院外以電視播放,也還是屬於公開上映權的範圍。

(十)公開演出權

公開演出是指以演技、舞蹈、歌唱、彈奏樂器或其他方法向現場之公眾傳達著作內容。例如:街頭藝術家在彈奏吉他、唱歌,甚至是商家播放音樂CD等,都是公開演出權的範圍。此外,錄音著作的著作權人,就其錄音著作被公開演出時,則有報酬請求權。

(十一)公開展示權

公開展示權是指未發行的美術或攝影著作,向公眾展示著作內容。發行是指權利人散布能滿足公眾合理需要之重製物。因此,若是一張美術畫作,作者只有原稿,並沒有大量複製,或是一張底片,只有洗出幾張照片供朋友分享,但沒有發行成明信片或攝影集,這時候將美術畫作或是照片放在合作的藝廊展示,就是一種「公開展示」

的行爲，除非合於著作權法第57條「美術著作或攝影著作原件或合法重製物之所有人或經其同意之人，得公開展示該著作原件或合法重製物。」之合理使用行爲，否則，就必須要另外得到著作權人的同意，並不是任意取得他人的美術畫作或照片，就一定可以公開展示。

十、著作權保護的期間有多久？

著作權法的立法目的，是在促進國家文化發展，保護著作人的著作權是一種用來鼓勵著作人從事創作活動的方式。爲了避免過度保護著作權，反而阻礙國家文化的發展，因此，著作權法對於著作財產權保護的期間加以限制，只要著作受法律保護的期間屆滿後，就成爲全民共同的文化財產，不再受著作權法保護，人人都可以利用。至於著作人格權的部分，則是源自於對作者的尊重，因此，並沒有特別設保護期間的限制，以下即分別說明：

(一)著作人格權的保護期間

著作人格權是專屬於創作人（作者）本身的權利，沒有辦法讓與或繼承。但是，這並不表示著作人格權在創作人死後就不受保護。依據著作權法第18條規定：「著作人死亡或消滅者，關於其著作人格權之保護，視同生存或存續，任何人不得侵害。但依利用行爲之性質及程度、社會之變動或其他情事可認爲不違反該著作人之意思者，不構成侵害。」也就是說，著作人格權的保護，並沒有一定期間的限制，在著作人死亡或消滅後，依著作權法第86條規定，可以由配偶、子女、父母、孫子女、兄弟姊妹、祖父母對著作人格權侵害進行民事損害賠償的請求。

舉例來說，知名的學者胡適先生的《四十自述》，雖然已經不受

著作權法保護,如果有出版社要出版《四十自述》,不需要得到胡適紀念館(胡祖望先生當時將著作財產權移轉予胡適紀念館)的同意,但仍然需要標明胡適先生的姓名,且不得任何改變其內容,致有損毀胡適先生的名譽。

(二)著作財產權的保護期間

至於著作財產權的保護期間,著作權法規定得較為繁複,依著作權法第30條規定:「著作財產權,除本法另有規定外,存續於著作人之生存期間及其死亡後五十年。著作於著作人死亡後四十年至五十年間首次公開發表者,著作財產權之期間,自公開發表時起存續十年。」而同法第33條規定:「法人為著作人之著作,其著作財產權存續至其著作公開發表後五十年。但著作在創作完成時起算五十年內未公開發表者,其著作財產權存續至創作完成時起五十年。」同法第34條規定:「攝影、視聽、錄音及表演之著作財產權存續至著作公開發表後五十年。前條但書規定,於前項準用之。」

1. 自然人(就是著作人是一般的個人)的創作,除了攝影、視聽、錄音和表演外,著作財產權保護的期間,是著作人的終身(生存的期間)到死亡後的五十年(第五十年當年的最後一天)。

2. 自然人的創作,如果生前沒有發表,死亡後才公開發表,保護期間一樣是到死亡後五十年,但是,如果是死亡後四十年至五十年間才第一次公開發表的話,由第一次公開發表後起算十年。

3. 法人的著作,例如:受僱或者委外的法律關係下,約定著作人為公司或法人組織的情形,就是所謂的法人的著作。著作財產

權的保護期間是自公開發表後五十年。若是自然人創作完成取得著作權後，再另外移轉著作財產權給公司，則還是自然人的著作。此外，如果創作完成後五十年都沒有公開發表，那著作財產權還是只保護到創作完成後五十年。這樣的規定，其實還是基於著作權的保護某程度還是希望著作公開發表以促進文化發展，若是沒有公開發表的著作，保護期間也不適合一直不確定。

4.攝影、視聽、錄音和表演的保護期間，無論是法人或自然人的創作，都是自公開發表後五十年，未公開發表的著作，也與前述法人的著作的保護期間相同，只到創作完成後五十年。攝影、視聽、錄音和表演相較於其他著作，其保護期間相對較短，這是因為這些著作通常必須利用一些既有的設備、既有的著作或民俗創作，作者投入的心力，相對來說比較少；同時也牽涉到整個文化經濟發展的問題，不適合給予過長時間的保護。舉例來說，靠著網路上發表的《第一次親密接觸》成名於兩岸的網路作家蔡智恆（筆名或暱稱「痞子蔡」），1998年發表於網路上的《第一次親密接觸》的小說，著作財產權的保護期間，作者的終身加五十年，也就是說，若是以現在男性平均壽命是74歲的話，著作財產權保護的期間，可能接近一百年，足以使作者的孫子都同樣享受到著作財產權帶來的利益。因此，若是讀者們有機會從事創作活動時，千萬要記得好好保護自己的著作權喔！

參考書目

孫陽（2017）。《影劇傳播創意觀》。台北：藝術家文化出版社。

張暐譯（2017）。《點子大補帖》。台北：楓書坊文化出版社。

鄭翠婷譯（2017）。《創意思考》。台北：台灣東販文化出版社。

劉義才（2017）。《頂尖公關人員的十堂課》。台北：菁品文化出版社。

劉盈君（2017）。《行銷4.0：新虛實融合時代贏得顧客的全思維》。台北：天下雜誌。

邱志聖（2017）。《策略行銷分析》。台北：智勝文化出版社。

宋犀堃（2017）。《創意行銷就是這樣簡單》。台北：靈活文化出版社。

何小平譯（2016）。《Z字點子爆發術》。台北：商業周刊。

吳慧珍譯（2015）。《創意的五十道訣竅》。台北：商周文化出版社。

李欣頻（2014）。《創意啟蒙之旅》。台北：暖暖書屋文化出版。

周芳苑譯（2014）。《創意CEO》。台北：奇光文化出版。

黃振家主譯（2014）。《廣告創意策略》。台北：學富文化出版。

張世彗（2013）。《創造力：理論、技法與教學》。台北：五南出版社。

繆靜芬（2013）。《信譽公關》。台北：台灣商務出版。

羅雅萱譯（2013）。《靈感時代》。台北：原點文化出版。

劉元立（2012）。《成功廣告影片的創意與製作》。台北：國家文化出版。

衛欣、張律（2012）。《創意入門》。安徽：合肥工業大學出版社。

陳放、武力（2012）。《創意是什麼》。台北：海鴿文化出版社。

夏潔（2011）。《關於創意100個故事》。台北：宇河文化出版社。

劉燕芬譯（2011）。《創意從何而來》。台北：大塊文化出版。

周昭賢（2009）。《世界最經典的廣告創意》。台中：德威國際文化。

李仁芳（2008）。《創意心靈》。台北：先覺文化出版。

劉燁（2006）。《創意決定優勢》。台北：大都會文化出版。

賴聲川（2006）。《創意學》。台北：天下雜誌。

創意原理

施振榮（2004）。《再造宏碁：開創、成長與挑戰》。台北：天下文化出
　　版社。

參考網址

http://philosophy.hku.hk/think/chi/creative.php

https://kknews.cc/zh-tw/news/oy8bogp.html

http://group.dailyview.tw/2017/06/27/adobe

https://www.adobe.com/content/dam/acom/en/max/pdfs/AdobeStateofCreate_2016_
　　Report_Final.pdf

https://zh.scribd.com/document/297762096/EYCulturalTimes2015-Download

https://www.adobe.com/content/dam/acom/au/about-

https:/adobe/newsroom/2016/Adobe-Creativity-Survey-2016.pdf

https://www.tipo.gov.tw/ct.asp?xItem=214976&ctNode=7202&mp=1

http://30plus.30.com.tw/article-content_157.html

https://buzzorange.com/techorange/2013/09/06/how-pixar-fosters-collective-
　　creativity/

http://startuplatte.com/2016/04/11/disney/

http://www.bjxztqn.com

https://lms.ctl.cyut.edu.tw/9635422/doc/77648

http://nccur.lib.n

https://www.zhihu.com/question/22039829ccu.edu.tw/bitstre
　　am/140.119/33045/7/11005107.pdf

http://umeadesign.tw/18-things-highly-creative-people-do-differently/

https://wenku.baidu.com/view/e5b0fb797fd5360cba1adb1f.html

https://baike.baidu.com/item/

http://iamgordon.pixnet.net/blog/post/21780606

創意原理

編 著 者 / 楊錫彬

出 版 者 / 揚智文化事業股份有限公司

發 行 人 / 葉忠賢

總 編 輯 / 閻富萍

特約執編 / 鄭美珠

地　　址 / 22204 新北市深坑區北深路三段 260 號 8 樓

電　　話 / 02-8662-6826

傳　　真 / 02-2664-7633

網　　址 / http://www.ycrc.com.tw

 E-mail　/ service@ycrc.com.tw

 I S B N　/ 978-986-298-288-4

初版一刷 / 2018 年 3 月

定　　價 / 新台幣 250 元

國家圖書館出版品預行編目（CIP）資料

創意原理 / 楊錫彬編著. -- 初版. -- 新北
　市：揚智文化, 2018.03
　　面；　公分

　ISBN　978-986-298-288-4（平裝）

　1.教學法　2.創意

521.4　　　　　　　　　　107003134